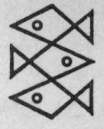

Über dieses Buch Im Unterschied zu anderen Arbeiten über die Angstproblematik versucht der Autor dieses Buches vor allem die positiven Aspekte der Angst und ihren konstruktiven Anteil bei der pädagogischen und psychologischen Arbeit hervorzuheben. In aller Offenheit untersucht der Autor Vorgänge und Schwierigkeiten, die jede Gruppenarbeit begleiten, und kommt im Verlauf seiner Arbeit zu der These, daß Angst über offene oder verdeckte Gruppenstrukturen gebunden wird. Nach seiner Beobachtung greifen Arbeitsgruppen mit Vorliebe zur Mythenbildung, um ihre Angst zu verarbeiten und zu kanalisieren. Phylogenetische Betrachtung und historische Analyse zeigen dem Autor zufolge, daß sich mit der Auflösung relativ egalitärer Gruppenstrukturen die Angstverarbeitung immer stärker vom Kollektiv auf den einzelnen verlagert. Mit anderen Worten: Freuds Theorie vom Über-Ich spiegelt nach Auffassung des Autors eine gesellschaftlich sehr späte Entwicklung wider. Auf dieser theoretischen Grundlage sucht der Autor das gruppenanalytische Konzept von Foulkes praxisnah weiterzuentwickeln.

Der Autor Harald Pühl, geb. 1947, Dr. phil., Psychologe und Supervisor, arbeitet seit über 15 Jahren mit unterschiedlichen Gruppen in der politischen Bildung, in der Sozialpädagogik, in der Aus- und Fortbildung, in der Institutionsberatung und in der Supervision. Er ist Mitbegründer und Mitarbeiter der ›TRIANGEL – Institut für Supervision und Gruppenerfahrung‹ in Berlin. Veröffentlichungen u.a.: ›Supervision und Psychoanalyse‹ (gemeinsam mit W. Schmidbauer, München 1986) und ›Beratung zwischen den Stühlen: Team-Supervision‹ (Berlin 1988).

Harald Pühl

Angst in Gruppen und Institutionen

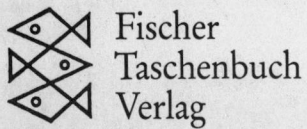
Fischer
Taschenbuch
Verlag

Geist und Psyche
Begründet von Nina Kindler 1964

Originalausgabe
Veröffentlicht im Fischer Taschenbuch Verlag GmbH,
Frankfurt am Main, August 1988
© 1988 Fischer Taschenbuch Verlag GmbH, Frankfurt am Main
Redaktion: Volker Gottowik
Umschlaggestaltung: Graupner & Partner, GmbH
Gesamtherstellung: Clausen & Bosse, Leck
Printed in Germany
ISBN 3-596-42304-X

Inhalt

Vorwort
Einleitung

I. Gruppenstruktur und Angstbewältigung 15
  1. Angst im Gruppenprozeß (Fallstudie). 15
  2. Versuch einer Interpretation 40
  3. Zusammenfassende Hypothesen 55

II. Angst unter entwicklungsgeschichtlichen Aspekten 60
  1. Angst bei Freud 62
  2. Angstbereitschaft, Neugierverhalten und Gruppenbildung . . . 65
  3. Vom Es zum Ich 69
  4. Vom Gruppen-Ich zum Über-Ich 78

III. Analytische Gruppendynamik 91
  1. Foulkes als Wegbereiter 91
  2. Unbewußtes Gruppenthema als Fokus 93
  3. Widerspruch Individuum – Gesellschaft 105

Anmerkungen 115

Literaturverzeichnis. 135

Namen- und Sachregister 143

Vorwort

»Wir amüsieren uns zu Tode«, so charakterisiert *Neil Postman* den westlichen Zeitgeist. Da ist kein Platz für Angst. Ich will in diesem Buch dennoch zeigen, wie Angst, die zugelassen wird, konstruktiv und emanzipatorisch wirken kann.

Ich bin durch meine über fünfzehnjährige Arbeit in der Leitung unterschiedlichster Gruppen auf dieses Thema gestoßen. Fast ausnahmslos beobachtete ich, wie die Gruppenmitglieder es regelmäßig schafften, einen Außenseiter oder Sündenbock zu finden, auf den sie ihre negativen und angstmachenden Gefühle projizieren konnten. Durch lange Selbsterfahrung in analytischer Gruppentherapie, Balintarbeit und Team-Supervision gelang es mir immer mehr, meine eigenen Strebungen in dieser Richtung zu entdecken. Je mehr ich meine bewußten und unbewußten Ablehnungen des Fremdartigen und des Anderssein als meine eigenen unerfüllten und deshalb angstmachenden Seiten entdecken konnte, je weniger Mauern mußte ich zwischen mich und meine Mitmenschen schieben.

Es wird wohl so sein, daß in erster Linie Psychologen, Therapeuten, Pädagogen und Gruppenleiter sich von der Thematik des Buches angesprochen fühlen. Beruflich stehen sie am direktesten vor der Aufgabe und Schwierigkeit, ihren Weg im Umgang und im Verständnis von Gruppen zu finden. Ich halte das Thema aber für universell. Wie das Buch von *Thea Bauriedl* über »Die Wiederkehr des Verdrängten« sehr eindrücklich vermittelt, spielt die unbewußte Angstdynamik gerade in Politik und Familie eine ebenso bedeutsame Rolle. Besonders Feindbilder halten die Angst vor der Veränderung unter Kontrolle und führen zu erstarrten Beziehungen.

Wichtig ist mir, all denen zu danken, die diese Arbeit möglich gemacht haben. Da sind zuerst die Gruppen zu nennen, die mit mir gearbeitet haben. Durch sie habe ich am meisten gelernt, auch wenn die Wege zum gegenseitigen Verstehen nicht immer leicht, oft verschlungen und uneben waren. Prof. *Siegfried Schubenz* ermutigte mich, meine reflektierten Praxiserfahrungen als wissenschaftlich relevant ernst zu nehmen und zu formulieren. In Diskussionen über das Manuskript war Dr. *Manfred Thielen* mir ein unentbehrlicher Wegbegleiter. Seine Nachfragen halfen, vieles zu präzisieren, was mir eigentlich ganz klar erschien.

Inzwischen hat mein hier beschriebener Ansatz von analytischer Gruppenarbeit erfreulicherweise einen Rahmen gefunden, wo er praktiziert und weiterentwickelt werden kann. Zusammen mit langjährigen Kollegen haben wir die »TRIANGEL – Institut für Supervision und Gruppenerfahrung« in Berlin gegründet, wo wir entsprechende Ausbildungen und Supervisionen anbieten.

H. P.

Einleitung

Die Angst ist so alt wie die Menschheit selbst. Wir können dies zum einen aus uralten überlieferten Märchen schließen (vgl. *Kast* 1982) und andererseits aus den Naturreligionen noch lebender Naturvölker. Alle Erscheinungen, die sich die Menschen nicht erklären konnten und Angst bereiteten, wurden auf das Wirken feindseliger Gottheiten zurückgeführt. Einen Großteil des Lebens galt es, die Götter durch Opfer zu beruhigen, sie zu besänftigen. Das Nichteinhalten dieser überlieferten Kulturregeln, das Überschreiten solcher Tabugesetze, wurde von der Gemeinschaft durch Ausschluß oder Verbannung bestraft, was eigentlich immer den sicheren Tod des Abweichlers bedeutete. So beruhte die Befolgung der traditionellen Bräuche immer schon auf einer tiefgründigen Todesangst.

In unserer Gesellschaft ist die offene und öffentliche Auseinandersetzung mit dem Phänomen Angst noch relativ jungen Datums. Die Zunahme an Publikationen zu diesem Thema deutet nicht nur einen Wandel an, sondern spiegelt auch die wachsende Beunruhigung der Bevölkerung wider. In den 70er Jahren wurde *Dieter Duhm* mit seiner Arbeit »Angst im Kapitalismus« zu einem der meistgelesenen Autoren in dieser Richtung – zumindest im Kreis der Emanzipations- und Protestbewegung.

In der vorliegenden Arbeit geht es nicht darum, eine umfassende Erklärung und Auseinandersetzung mit dem Phänomen Angst zu leisten. Vielmehr bin ich durch meine Arbeit mit Gruppen schon früh darauf gestoßen, daß die Form der Angstbewältigung einen entscheidenden Einfluß auf das Gruppengeschehen hat (vgl. *Pühl* 1976). Ich möchte versuchen zu zeigen, daß Angst nicht eine bösartige Sache ist, die man am besten verdrängen sollte, sondern die – und das mag auf den ersten Blick paradox erscheinen – entwicklungsgeschichtlich gesehen bedeutsam war und individuell bedeutsam sein kann, wenn sie einen Rahmen findet, in dem sie erlebt und entwickelt werden kann.

In der vorliegenden Arbeit werde ich mich auf meine beruflichen Erfahrungen stützen. Ich berate seit Jahren als Supervisor Arbeitsteams, vorrangig aus psychosozialen Arbeitsfeldern. Unter Supervision verstehe ich eine spezielle Beratungsmethode, die dem Sozialtätigen hilft, seine berufliche Arbeit zu reflektieren. Dazu gehören insbesondere die Beziehungen zu den Klienten, den Kollegen und der Institution (genaueres dazu: *Conrad/Pühl* 1983, *Pühl/Schmidbauer* 1986a und *Pühl* 1988).

Im Laufe meiner Supervisionstätigkeit gelangte ich immer mehr zu der Einsicht, daß sich zwei Formen von Arbeitsteams hinsichtlich ihres Umganges mit Angst abgrenzen lassen, und zwar entsprechend ihrer Struktur:

1. *Hierarchisch-strukturierte Arbeitsteams:*
   Meist institutionell mehr oder weniger starr eingebunden mit einem Vorgesetzten, der Weisungs- und Kontrollfunktionen auszuüben hat. Diese hierarchisch eingebundenen Gruppen vermitteln den Mitgliedern durch den strukturierten Aufbau soviel Halt und formale Orientierung, daß Ängste dadurch kanalisiert werden.

2. *Kollektiv-strukturierte Arbeitsteams:*
   Meistens Arbeitsteams aus dem sogenannten Alternativbereich, die sich durch weitgehend solidarische Kooperationsansprüche auszeichnen. Die kollektive, nichthierarchische (Arbeits-)Gruppe ist strukturell ständig in Bewegung. Zuständigkeiten und Verantwortlichkeiten sind oft nicht direkt abfragbar, da alle den Anspruch haben, alles machen zu können und zu sollen, um den bekannten Machtanhäufungen traditioneller Organisationen zu begegnen. Angst kreist hier in hohem Maße in der Gruppe, weil Beziehungen emotionaler und arbeitstechnischer Art ständig neu ausgehandelt werden müssen.

Ich komme zu dieser Einteilung, weil mir als Supervisor die institutionell eingebundenen Arbeitsteams durch ein hohes Maß an äußerer Harmonie auffielen. Vorherrschend war hier ein einladend-freundliches Klima, das sich auch auf mich übertrug. Währenddessen zeigten die kollektiv-nichthierarchischen Arbeitsteams oftmals gleich zu Beginn mir gegenüber als Supervisor ein aggressiv-skeptisches Verhalten. Dies mobilisierte größere Ängste bei mir. Unter den Mitgliedern der kollektiven Arbeitsteams war der Umgangston meist deutlich rauher, Konflikte und Unstimmigkeiten wurden viel direkter angesprochen, auch wenn die Kritik oft Kränkungen und Verletzungen zur Folge hatte.

Während ich anfänglich geneigt war, mein unterschiedliches Angsterleben in diesen zwei Formen von Arbeitsgruppen nur in meiner Person zu suchen, bin ich inzwischen geneigt, mein unterschiedliches Angsterleben in bezug zu den vorfindbaren Gruppenstrukturen zu sehen. Ich komme dazu, weil sich mein Angsterleben gravierend unterscheidet: In den Gruppen mit ausgeprägter Struktur (durch Hierarchisierung zum Beispiel) sind meine Ängste besonders gering, während das erlebte Angstniveau in kollektiven, formal wenig strukturierten Arbeitsgruppen ziemlich hoch ist. In diesem Sinne können die Ängste von mir als Supervisor auch das unbewußte Angsterleben der entsprechenden Gruppe abbilden. Im folgenden Kapitel werde ich dies anhand eines Beispiels ausführlich darstellen und diskutieren.

Meine zentrale Hypothese für diese Arbeit lautet: *Über die Struktur einer Gruppe wird Angst kanalisiert.* Unter diesem Gesichtspunkt kann die Hierarchie- bzw. Vorgesetztenstruktur als Versuch der Angstbewältigung ihrer Mitglieder verstanden und untersucht werden. Auch Kollektivgruppen suchen sich eine Form der Angstbewältigung durch eine spezifische Struktur. Diese Struktur bleibt meist unsichtbar bzw. unbewußt und zeigt sich in Mythenbildung sowie Ideologisierung. Solch unbewußte Gruppenmythen übernehmen für das Team ebenfalls eine strukturierende Orientierung. Wie zu zeigen sein wird, sind solche Orientierungs- und Bindungsversuche dem Menschen eigen, da er ohne Bindung und Gruppenzugehörigkeit schlechterdings nicht lebens- und entwicklungsfähig war und ist. Gruppen dienen u. a. der Angstbindung, mobilisieren aber gleichzeitig auch Angst. Diese Thesen werde ich im 2. Kapitel ableiten.

Der zentrale Zusammenhang zwischen Gruppe und Angst gerät bei unkritischer Betrachtung allzu leicht in das Fahrwasser geschichtsloser Verallgemeinerung. Aussagen über den Menschen und auch über Gruppen, die anthropologischen Wert haben sollen, müssen sich zwangsläufig auf Ergebnisse aus der Evolutionsforschung stützen. Nur so läßt sich der Gruppenkonflikt menschlicher Sozialisation näher bestimmen, der durch die Pole Gesellschaftlichkeit und Natürlichkeit bzw. »Offenheit« und »biologischer Festlegung« gekennzeichnet ist. So werde ich im 2. Kapitel »Angst unter entwicklungsgeschichtlichen Aspekten« versuchen, sowohl eine phylogenetische als auch eine ontogenetische Entwicklungslinie zu verfolgen, die zumindest ansatzweise die Bedeutung der Gruppe unter diesen zwei Dimensionen beleuchtet. Dieses z. T. exkursartige Kapitel hilft ferner das Theoriedefizit der gruppenanalytischen Sichtweise zu füllen. Diese Methode, wie ich sie im letzten Kapitel im Überblick darstellen werde, ist die Grundlage sowohl meiner Beratungsmethode als auch meiner hier diskutierten Forschungsmethode. Bekannt ist, daß jede Forschung konzeptabhängige Ergebnisse liefert. Ich versuche hier mittels der gruppenanalytischen Sichtweise eine praxisnahe und praxisrelevante Hypothesenbildung. Dieses Vorgehen versucht einen Mangel fast aller psychologischen und auch soziologischen Theorien zu begegnen, die nämlich einen Begriff vom Individuum entwickeln, der ohne Gruppenbezug vorstellbar scheint. Selbst theoretische Ansätze wie die analytische Sozialpsychologie (*Fromm*) oder die Feldtheorie (*Lewin*), die explizit die Beziehung Individuum-Gesellschaft in den Mittelpunkt ihrer Untersuchungen rücken, geraten immer wieder in die Sackgasse, das Individuum aus seinem sozialen Zusammenhang lösen zu müssen. Gruppe und Individuum werden nicht als eins gesehen. So kommt es, daß die Gruppe nach wie vor als ein sekundäres Produkt des Menschen erscheint. Deshalb werde ich *Schmidbauer*s Kritik an der psychoanalytischen Triebtheorie aufnehmen, um zu zeigen, daß die Entwicklungsgeschichte des Menschen und die Fähigkeit zur Gruppenbildung sich bedingen. Individuum und Gruppe sind eine untrennbare Einheit. Für unser Thema, die Angstdynamik in Gruppen besser zu verstehen, bietet sich dieser Ansatz an, da wir *Freud*s Strukturmodell (Ich, Es, Über-Ich) als Ausdruck einer gesellschaftlich konkreten Situation damit besser einordnen können. Ferner wird die phylogenetische Herangehensweise zeigen, daß durch die soziale und politische Differenzierung sich Gruppenstrukturen wesentlich gewandelt haben, was eine tiefgreifende Veränderung der Angstbewältigung zur Folge hatte: von der Gruppe hin zum Einzelnen. *Elias* (1987) spricht in seinem Buch »Die Gesellschaft der Individuen« von den Wandlungen der Wir-Ich-Balance, die sich immer mehr in Richtung »wirloser Ichs« entwickelt.

Auch wenn sich seit dem Beginn der Kleingruppenforschung in den 40er Jahren das Wissen um gruppendynamische Prozesse enorm erhöht hat, ist das Verständnis realer, natürlicher Gruppen – wie z. B. Arbeitsgruppen – keineswegs befriedigend. Dies hängt, wie ich glaube, mit der ungelösten Schwierigkeit zusammen, Untersuchungsmethoden zu entwickeln, die in der Lage sind, psychodynamische Prozesse zu erfassen. Darüber hinaus basiert die traditionelle Kleingruppenforschung auf künstlich zusammengestellten Gruppen, deren Hauptanliegen die Selbsterforschung ist. In Anlehnung an die klassische experimentelle Psychologie ging es hier darum, durch gezielte Manipulation bzw. Beeinflussung äußerer Faktoren, Variablen zu isolieren und zu untersuchen. Als Hauptveränderungsvariable bot sich das Leiterverhalten an, was dann auch dazu führte, daß die Position des Gruppenleiters überbreiten Interpretations- und Bedeutungsraum einnimmt.

Bei der Untersuchung realer, gewachsener Gruppen stoßen wir auf die Schwierigkeit, unsere Hypothesen nicht durch eine Manipulation des Gruppenprozesses zur Präzisierung unserer Theorie überprüfen zu können. Hinzu kommt, daß reale Gruppen in viel höherem Maße als kurzfristig zusammengestellte Gruppen in psychodynamischem Austausch und in Beziehung zur gesellschaftlichen Realität stehen. Konkret heißt das, daß wir in verstärktem Maße auf die Erkenntnisse der Soziologie und deren Grundwissenschaften zurückgreifen müßten. Bei diesem Versuch bleiben wir einigermaßen erfolglos, weil sich die Soziologie fast ausschließlich auf die Untersuchung harter Daten größerer Einheiten beschränkt, während die Psychologie insgesamt am Einzelwesen erkenntnistheoretisch verharrt. Diese Brüche begleiten notgedrungen die vorliegende Arbeit und können nicht befriedigend überbrückt werden.

Da quantitative Verfahren zwangsläufig das Ziel verfehlen, komplexes Gruppengeschehen zu erfassen, müssen wir uns beim gegenwärtigen Stand der Sozialforschung auf die hermeneutische Vorgehensweise stützen.[1] Nun mag man einwenden, daß meine Beobachtungen in der Supervision empirisch nicht überprüfbar sind. Sicherlich, aber sie sind mir zu augenfällig, als daß ich sie unter der Rubrik »Zufall« in meinem Archiv ablegen möchte. Ich meine, daß die Beschreibung der Gegenübertragung ein Schritt in diese Richtung ist. Dieses Vorgehen trifft sich mit meinem persönlichen Arbeits- und Denkstil, wie ich ihn auch in der Supervisionsarbeit anwende.

Den Begriff der Gegenübertragung erwähnte *Freud* erstmals 1910 in einem Kongreßvortrag (1910, 108), führte ihn aber späterhin nicht weiter aus. Er verstand darunter den störenden Einfluß des Patienten auf das unbewußte Fühlen des Arztes, der durch eigene *blinde Flecken* zu verzerrten Wahrnehmungen gelangt. Durch die eigene Lehranalyse und vor allem durch die abstinente Haltung dem Patienten gegenüber, orientiert am Vorbild des Chirurgen, sollte der Analytiker »undurchsichtig für den Analysierten sein und wie eine Spiegelplatte nichts anderes zeigen, als was ihm gezeigt wird«.

Freud sah in der öffentlichen Diskussion der Gegenübertragung eine Gefahr für die psychoanalytische Bewegung.[2] Gerade die öffentliche Auseinandersetzung über die Gegenübertragung hätte deutlich gemacht, daß die Psychoanalyse sich nicht als naturwissenschaftliche Disziplin betreiben läßt. So wurde über 40 Jahre lang in der psychoanalytischen Forschung das Phänomen der Gegenübertragung nicht behandelt.[3] Im Gegenteil wurden *Freud*s Ausführungen zur Technik der Psychoanalyse dogmatisch und geradezu fanatisch befolgt. So wundert es nicht, daß die überzogene Befolgung der Abstinenzregel – zur Gewährleistung der Trennung von Übertragung und Gegenübertragung – der Psychoanalyse bald den Ruf eines kühlen, unmenschlichen Verfahrens einbrachte (vgl. *Cremerius* 1984).

Wenn wir uns *Freud*s Gesamtwerk genauer anschauen, werden wir jedoch sehen, daß er seine Methode zur Erforschung des Unbewußten gerade darauf begründen konnte, daß er sich selbst mit seiner Person in den Erkenntnisprozeß einbezogen hat. In der »Traumdeutung« (1900) beschreibt *Freud* den Prozeß seiner Selbsterkenntnis, der sich analog der therapeutischen Krankenbehandlung vollzog. Was in der Praxis freilich als getrennt erscheint, ist vom Erkenntnisprozeß hingegen untrennbar miteinander verbunden: Selbsterforschung des Untersuchers und Erforschung des anderen sind parallele Prozesse. Dadurch erst konnte *Freud* die erkenntnishemmende Distanz zwischen Subjekt und Objekt auflösen und das Unbewußte in seiner lebensgeschichtlichen und damit kulturellen Bedeutung aufdecken. Therapie und Theorie waren damit bei ihm untrennbar miteinander verbunden.

Erst in der Nachfolge *Freud*s wurde diese dialektische Einheit wieder aufgehoben: Von den Praktikern durch die einseitige Verfeinerung der psychoanalytischen Technik und durch die Theoretiker – wie *Marcuse* (1965) und die *Frankfurter Schule* –, indem sie die psychoanalytische Kulturgeschichte als das progressive Element in die Sozialwissenschaften zu integrieren versuchten. Bei letzteren blieb die Praxis auf der Strecke und die Theoriebildung wurde wieder zu einer distanzierten, den Forscher ausschließenden Sache und führte vielleicht auch deshalb in eine Sackgasse. Zumindest wurde das Unbewußte nur als halbiertes, als theoretisches Konstrukt betrachtet.[4] Diese Lücke versucht die vorliegende Arbeit ein wenig zu schließen, indem Theorie und Praxis wieder als dialektische Einheit untersucht werden.

Verzerrungen ergeben sich immer da, wo der Forscher durch seine Beobachtungen selbst in Angst versetzt wird, wie wir von *Devereux* (1976) wissen. Die Diskussion meiner eigenen Gegenübertragung ist ein Schritt, den Leser in den Gang der Theoriebildung einzubeziehen, damit er selbst sensibilisiert wird, die Ergebnisse aus der Distanz zu verstehen und gegebenenfalls neu zu interpretieren.

I. Gruppenstruktur und Angstbewältigung

1. Angst im Gruppenprozeß (Fallstudie)

Aus der Literatur wissen wir, daß der problematischste Punkt für den Gruppenleiter der Umgang mit Aggressionen der Teilnehmer gegen ihn ist, weil ihm dies besondere Angst bereitet.[5] An anderer Stelle haben wir (*Conrad / Pühl* 1983 und *Pühl* 1988) unter dem Stichwort »Kritik an den Supervisoren« die Phase eines Supervisionsprozesses beschrieben, in der die Auseinandersetzung mit uns Beratern im Mittelpunkt stand. Hier handelte es sich um eine abgegrenzte Auseinandersetzung, die nicht verletzend und von uns gut einfühlbar war. Von uns wurde die Kritikphase eher wie ein kühler erfrischender Regen nach einem heißen schwülen Sommertag erlebt. Danach waren die Beziehungen der Supervisanden zu uns realitätsbezogener, vor allem offener und gleichberechtigter, und die Reflexionsarbeit ging reibungslos und intensiv weiter. Bei diesem Team handelte es sich um eine Heimerziehungsgruppe, die in einer ausgeprägt hierarchischen Institutionsstruktur arbeitete.

Das folgende Beispiel der Supervision eines kollektiv-nichthierarchischen Teams zeigt in dieser Hinsicht gravierende Unterschiede; denn wir Supervisoren erlebten die Abwertungstendenzen und die Haltung kritischer Skepsis uns gegenüber fortgesetzt. Es gab in dieser Team-Supervision kaum Phasen, in denen wir uns entspannt und frei fühlen konnten. Durchgängig hatten wir das Gefühl, auf der Hut sein zu müssen bzw. getestet zu werden. Kompetenzzweifel an unserer Beraterfähigkeit begleiteten diesen Prozeß.

Der Versuch, meine Reaktionen und Gefühle in dieser Supervision zu beschreiben, fiel mir außerordentlich schwer. Viele Anläufe waren notwendig, um halbwegs befriedigend auszuführen, wie es mir als Supervisor in diesem Reflexionsprozeß ging. Sicherlich wird der Leser immer noch an vielen Stellen Konkretisierungen wünschen.

Schließlich hat mir die Lektüre von *Thea Bauriedl* (1980), einer analytischen Familientherapeutin, Mut gemacht, meine Formulierungsprobleme nicht als persönliches Versagen zu verbuchen. Im letzten Kapitel ihres Buches beschreibt sie ihre familientherapeutische Praxis und stellt als zentralen Punkt bei der Beurteilung der Therapeut-Klient-Beziehung die bewußte und unbewußte Angst des Therapeuten heraus.[6]

Nur in dem Maße, wie er sich seine eigenen Ängste und die damit verbundenen Abwehrstrategien eingestehen kann, muß er Ängste nicht unbewußt an die Ratsuchenden delegieren. Dies hat mich ermutigt, mein Vorhaben fortzuführen, in Abweichung von der üblichen Praxis nicht den Klienten in den Mittelpunkt zu stellen, sondern meine Gefühle und mein Verhalten gleichermaßen mitzuteilen.

Anhand dieses Fallbeispiels, der Team-Supervision einer nichthierarchischen Arbeitsgruppe, möchte ich aufzeigen, in welchem Ausmaß ich als Berater Angst verspürte, abwehrte, auf Angst reagierte und für den Beratungsprozeß nutzbar zu machen versuchte. In den verschiedenen Phasen des Supervisionsprozesses spiegelten sich unterschiedliche Ängste in mir wider. Das versuche ich hier zu beschreiben, um darauf aufbauend zu einer Gesamtinterpretation zu kommen. Da ich in Arbeitsteams grundlegend abweichende Formen der Angstverarbeitung und -aktualisierung vermute als in anderen Gruppen, lassen sich daraus nicht nur für die Supervision wichtige Konsequenzen ableiten, sondern auch die Kooperationsprobleme in kollektiven Organisationen aus einem anderen Blickwinkel verstehen. Schließlich haben wir es hier mit einem Bereich zu tun, der immer größere Bedeutung erlangt. So arbeiten bisher über 100 000 Menschen in alternativ-selbstverwalteten Organisationen ohne hierarchische Vorgesetztenstruktur, der größte Anteil von fast 80 % davon im sozialen Bereich.[7]

Das Arbeitsteam

Bei dem Team handelte es sich um Mitarbeiter einer Beratungsstelle für sogenannte Treberjugendliche, also Jugendliche, die nicht mehr bei den Eltern leben und meist keine Wohnung und Arbeit haben. Das Team bestand aus sechs Sozialpädagogen, zwei Erziehern (die die Jugendlichen in ihren Wohnungen nachbetreuten), einer Verwaltungsangestellten und den Praktikanten. Die festangestellten Mitarbeiter arbeiteten schon seit mehreren Jahren in dieser Besetzung zusammen.

Das Team wünschte Supervision, da es erneut Teamkonflikte hatte, die aktuell durch dirigistische Maßnahmen der staatlichen Finanzierungsstelle ausgelöst bzw. aktualisiert wurden. So sollten sie verpflichtet werden, ihre Beratungsstunden erheblich auszudehnen und ferner einen Sozialpädagogen als vorgesetzten Leiter aufzunehmen.

Das Team hatte in der Vergangenheit schon längere Zeit Supervision gehabt, mußte aber jetzt andere Supervisoren suchen, da der vorige Supervisor sich beruflich verändert hatte. Mich interessierte diese Beratung, da ich selbst als Sozialarbeiter lange Zeit mit sogenannten milieugeschädigten Jugendlichen gearbeitet hatte und von daher großen Respekt für die Arbeit der Sozialpädagogen der Beratungsstelle spürte. Die Supervision wollte ich zusammen mit einer Kollegin durchführen, da sich unsere Zusammenarbeit bewährt hatte.

Die im folgenden beschriebene Supervision wurde von uns zwei Jahre lang durchgeführt, in der Regel drei Stunden in zweiwöchentlichem Turnus. Insgesamt lassen sich im nachhinein drei Abschnitte kennzeichnen, die auch mit dem Modus der Finanzierung zusammenfallen. Jeweils 30 Stunden wurden finanziert und auf Initiative des Teams zweimal verlängert.

Das Erstgespräch: Der versteckte Schlüssel zur Supervision

Beim Erstgespräch waren alle potentiellen Teilnehmer anwesend, bis auf die Sozialpädagogin Sylvia, die für längere Zeit krankgeschrieben war. Alle Mitarbeiter äußerten, Supervision machen zu wollen, da sie die Teamsituation als belastend empfanden und dem Druck der Finanzierungsstelle hilflos bzw. mit unterschiedlichen Einschätzungen und Strategien gegenüberstanden. Ferner wollten sie ihre unterschiedlichen Einstellungen hinsichtlich ihrer Beratung herausarbeiten, dabei andere Auffassungen zulassen können, ohne sich dadurch gleich auseinanderzudividieren.

Als jeder Mitarbeiter seine Erwartungen und Vorstellungen von der neuen Supervision vortrug, versuchte ich zu jedem einzelnen einen Kontakt herzustellen. In dem Moment spürte ich so viel Nähe und Zugewandtheit, daß ich ruhiger wurde. Ute wurde sehr traurig und mußte weinen, als sie über ihre Jugendlichen sprach, deren Schicksal und Hoffnungslosigkeit ihr sehr nahegingen. Bei den anderen Mitarbeitern war ich mir unsicher, wie sie zur Supervision standen. Am deutlichsten signalisierte mir Ute ihren Wunsch nach Beratung.

Ihre Kollegin Helga äußerte hingegen besondere Skepsis. Sie hegte Bedenken wegen der vorherigen Supervision und wollte wissen, nach welcher Methode wir arbeiten. Dabei saß sie zurückgelehnt und stützte sich mit den Füßen gegen den Tisch in unserer Mitte. Ich sagte: »Nach der analytischen Gruppendynamik, wobei wir am liebsten von konkreten Berufsproblemen ausgehen und darauf achten, daß...« Aber so weit konnte ich gar nicht ausholen, denn das »analytisch« hatte zahlreiche Reaktionen im Kreis ausgelöst. Alle redeten durcheinander. Arnold, ein Sozialpädagoge, meinte, daß ihn selbst die Analyse nicht zurückschrecke, da er selbst mal eine gemacht habe.

Nach diesem Erstgespräch waren wir Supervisoren sehr angestrengt.

Ich hatte leichten Kopfdruck und war skeptisch, ob die Beratung jetzt noch zustande kommen würde. Obwohl ich zu allen Mitarbeitern zumindest einen dünnen emotionalen Draht empfand, hatte ich das Gefühl, getestet worden zu sein. Hatte ich den Test bestanden? Was waren die Zweifel, die offensichtlich vorhanden sein mußten, denn der Supervisionswunsch war zu uneindeutig, die Fragezeichen zu groß. Es schien mir, als wenn wir einen unbekannten Schlüssel finden mußten, damit sich die Gruppe für uns öffnet – aber gerade diesen Schlüssel durften wir nicht finden, denn sonst hätten wir das Spiel verloren: Eine nicht zu lösende Aufgabe!

Ich ärgerte mich über meine Offenheit, unseren Beratungsansatz so vorbehaltlos genannt zu haben. Ich war stolz, nach langer Arbeit und Mühe für mich eine Supervisionsmethode erprobt zu haben, die mir für diese Arbeit außerordentlich effizient erschien. (Genaueres zur Methode der analytischen Gruppendynamik im 2. Kapitel dieses Buches.) Als das Team wie ein Wolf über das »analytisch« herfiel, fühlte ich mich mißverstanden und gekränkt, weil ich keinen Raum hatte, es näher zu erläutern. Dies traf mich um so mehr, da ich in eine Ecke gestellt wurde, in die ich überhaupt nicht hinein wollte. Ich hatte selbst große Vorbehalte gegen die orthodoxe, triebtheoretisch orientierte Psychoanalyse und versuchte gerade diese immanent zu kritisieren. Doch hier verlief der Etikettierungsprozeß blitzschnell. In diesem Gespräch gab es keine Chance für uns, etwas zu klären, daran bestand für mich kein Zweifel. Hätten wir darauf reagiert, wäre es zu einem Rechtfertigungskleinkrieg gekommen, der keinen froh gestimmt hätte. Diese Spannung mußte ich jetzt aushalten. Ich beruhigte mich damit, daß ich die Frage des Teams insofern berechtigt fand, als ich bei der Auswahl eines Supervisors für mich auch auf seine Qualifikation und seine methodische Ausrichtung achten würde.

Natürlich bin ich mir bewußt, daß jeder Reflexionsprozeß von ambivalenten Gefühlen begleitet ist. Meist wird es keine einheitliche Motivation aller Beteiligten nach Unterstützung durch Beratung geben. Deshalb muß schon zu Beginn ein Kompromiß gefunden werden, der alle befriedigt. Dazu gehört natürlich auch der Supervisor, der sich überlegen muß, ob die ambivalenten Vorstellungen und das vermutete Beratungsniveau seinen Möglichkeiten entspricht. Die Ambivalenz, die jedem Beginn immanent ist, wird häufig von einem Mitglied besonders pointiert ausgedrückt, spiegelt aber gleichzeitig die unterschwellige Stimmung der gesamten Gruppe wider (vgl. *Pühl* 1988). *Bauriedl* (1980) ihrerseits nennt dieses Gruppenphänomen »Ambivalenzspaltung«. Einige oder ein Mitglied der Gruppe trägt den Widerstand gegen die Veränderung offen aus und kann dadurch schnell zum Sündenbock der Gruppe werden.

In diesem Team signalisierte Helga die Angst vor der speziellen Reflexion sehr deutlich. Ich verstand ihre Skepsis auf dem Hintergrund der Anfangsangst und versuchte das auch so zu formulieren sowie auf die gesamte Gruppe zu beziehen. In dem Moment hatte ich den Eindruck, daß sie sich entlastet fühlte und die Distanz zwischen uns ein wenig geringer wurde. Wie sich später noch zeigen wird, fragt sich allerdings, ob das ausreichend war und ich nicht die von *Bauriedl* beschriebene Ambivalenzspannung unbewußt unterstützt habe, um eigene Ängste in kontrollierte Bahnen zu lenken.

In der Regel kann ich die angstbesetzte Spannung zu Beginn einer Supervision ganz gut ertragen und fühle mich nicht abgelehnt, wenn eine Beratung mal nicht zustande kommt. In diesem Fall schwang bei mir aber eine gefühlsmäßige Nähe zum Team mit. Ich war auch Sozialarbeiter und hatte von daher großen Respekt vor der schwierigen Arbeit des Sozialpädagogenteams, da ich wußte, wieviel Stabilität und Frustrationstoleranz die Betreuung solch jugendlicher Ratsuchender erfordert. Es schmerzte mich ein wenig, daß die Mitarbeiter meiner Sympathie ihnen gegenüber nicht offen begegneten, sondern eher eine skeptische Distanz zeigten.

1. Phase: Die Supervisoren bekommen kein Bein auf den Boden

Innerhalb der vereinbarten Zeit meldete sich das Team und wollte die Supervision mit uns beginnen. Wir hatten uns darauf verständigt, jeweils drei Stunden in 14tägigem Rhythmus durchzuführen.

Dies sei gleich vorweg gesagt: Dieser erste Abschnitt war der schwierigste für uns Supervisoren. Thematisch wurden die ersten Sitzungen ausgefüllt, um über Handlungsstrategien gegen die verordneten neuen Beratungszeiten zu debattieren. Die Atmosphäre in der Gruppe war hektisch, die Beiträge wenig aufeinander bezogen, alle redeten durcheinander bzw. ein Erzieher sagte nie etwas. Helga, die Sozialpädagogin, saß immer noch zurückgekippt auf ihrem Stuhl und stützte sich gegen den Tisch ab.

Dominiert wurden die Gespräche durch etwas, das ich Rationalität nennen möchte: Helga forcierte immer wieder die Diskussion über Maßnahmen gegen die verordnete Neuregelung der Beratungszeiten. Dabei wurde sie von den beiden Sozialpädagogen Arnold und Hans unterstützt. Das Durchspielen von möglichen Gegenmaßnahmen wurde von den übrigen Mitarbeitern nur teilweise unterstützt, ihre

Beteiligung war eher lustlos und erschien als ein moralisches Muß in dieser Situation.[8] Raum für persönliche Beiträge war in der eher technisch geführten Debatte nicht gegeben.

Meine Interventionsversuche waren durch stringente Strukturierungsversuche gekennzeichnet. Ich war bemüht, die einzelnen Beiträge zu verstehen, und ließ mich bereitwillig auf die anstehenden praktischen Probleme ein. Mein Gefühl war dabei: »Du mußt hier hart und klar sein und dich dadurch beweisen!«

Die Auswertungsgespräche unter uns Supervisoren waren in dieser ersten Phase sehr anstrengend und angespannt. Wir reagierten äußerst gereizt aufeinander. Keiner fühlte sich vom anderen verstanden. Beide hatten wir sofort das Gefühl, kritisiert zu werden. Wir waren beide gekränkt, weil wir unsere Arbeit gegenseitig nicht genügend schätzen konnten.

So warf ich meiner Kollegin vor, daß sie keine ausreichenden Kenntnisse von den wirklichen Problemen und Arbeitsabläufen in der Sozialarbeit habe und darum auch nicht beurteilen könne, wie die schlechten Arbeitsbedingungen und die dauernde Konfrontation mit dem Leid der Jugendlichen einem das sozialpädagogische Arbeiten zur Hölle machen könne. Sie wiederum meinte, daß ich selbst nur *meine* Sozialpädagogen in Schutz nehmen wolle, da ich selbst auch einer sei. Sie fühlte sich auf einsamem Posten in ihrem Bestreben, für die unterdrückten Gefühle zu kämpfen, die sie im Team so stark spürte und die Ute im Erstgespräch auch schon gezeigt hatte. Aber ihre Kraft, sich in dieser Richtung durchzusetzen, ließ nach, weil weder ich noch das Team darauf eingingen. Meine Kollegin wollte aber trotzdem nicht glauben, daß es primär um die pragmatische Lösung der Organisationsaufgaben ginge.[9] Ich fühlte mich von ihr im Stich gelassen, und ihr ging es genauso mit mir. Beide fühlten wir uns in unserer Kompetenz als Supervisoren vom Team nicht erkannt und hatten das Bild, immer oder fast immer außerhalb der Gruppe zu sitzen.

Gemeinsam war uns, daß wir die Supervision im Team als harte Knochenarbeit empfanden. Beide fühlten wir uns einer ständigen Testsituation ausgesetzt, in der wir ja keine Schwäche zeigen durften. Stärke war der höchste Wert! Minderwertigkeits- und Inkompetenzgefühle steigerten sich bei uns von Sitzung zu Sitzung. Die Kollegin spürte immer deutlicher, daß ihre Interventionen nicht wirkten. Die Männer, die neben Helga zu diesem Zeitpunkt im Team die Atmosphäre beherrschten, ignorierten sie. Ich fühlte mich dadurch zum einen geehrt – vielleicht war ich der bessere Supervisor? –, zum anderen hatte ich immer das Gefühl, wenn ich mich nicht kompetent, stark und loyal gebe, werde ich in die zweite Reihe gedrückt und auch nicht mehr ernstgenommen. Wurde ich jetzt ernstgenommen? Das Unbehagen, zu den Terminen zu gehen, stieg von mal zu mal.

Als nach vier Sitzungen – also zwölf Supervisionsstunden – von Helga immer noch auf einer pragmatischen Lösung der Arbeitsstruktur insistiert wurde, spürte ich Verärgerung: Denn Teilschritte hatten wir erarbeitet, und das Thema schien mir vorerst erschöpft. Die emotionale Beteiligung der Mitarbeiter ließ ebenfalls merklich nach. Zunehmend kamen mir Zweifel, ob ich mit meiner Einschätzung über die Relevanz der Veränderung der äußeren Arbeitsstruktur wirklich richtig lag. Daß das Thema immer wieder auf den Tisch kam, ohne daß Lösungen in Sicht waren, schien mir ein sicheres Zeichen, daß es noch um etwas anderes gehen mußte. Vielleicht hatte meine Kollegin mit ihrer Einschätzung recht, daß die pragmatische Diskussion hauptsächlich der Unterdrückung tieferer Gefühle diente.

Es ist bemerkenswert, daß wir Supervisoren nicht zu einer gemeinsamen Einschätzung des Teamgeschehens fähig waren, denn entsprechend unserer gruppenanalytischen Sichtweise war es uns in bisherigen Supervisionen immer gelungen, eine Arbeitshypothese zu formulieren. Erstmals konnten wir kein unbewußtes bzw. latentes Gruppenthema finden, unter dem sich alle Beiträge und emotionalen Befindlichkeiten zusammenfassen ließen. Nach unseren Erfahrungen gab es neben den angebotenen manifesten Konflikten immer noch eine tiefere, unbewußte Konfliktebene, die zu der Stagnation im Gruppenprozeß beitrug. Erst wenn es gelingt, auch diese tiefere unbewußte Ebene zu verstehen, ist die Gruppe in der Lage, sich weiterzuentwickeln. Solange die unbewußte Ebene im Verborgenen bleibt und nur Konfliktlösungen auf der pragmatischen manifesten Ebene gefunden werden, blokkiert sich jede Gruppe über kurz oder lang so nachhaltig, daß nur noch über Belangloses gesprochen werden kann. Und das schien in dieser Gruppe ganz eindeutig der Fall zu sein. Das Öffnungszeitenthema langweilte bereits einen Teil der Mitarbeiter, und tragbare Entscheidungen bzw. Lösungen waren nicht in Sicht.

Als eventuell unbewußtes und tabuisiertes Gruppenthema fiel uns die Frage nach dem Vorgesetzten ein, den das Team aufnehmen mußte, und der nun gleichberechtigt im Team arbeitete. Dieses Thema wurde aber nicht annähernd berührt, so daß wir Supervisoren die Relevanz nicht einschätzen konnten. Wir spürten zudem, daß es außerordentlich schwierig war, gefühlsbetonte Aspekte der Arbeit anzusprechen. So war mir deutlich, daß die hektische und aggressiv-angespannte Atmosphäre im Team von uns auf keinen Fall zum Thema gemacht werden durfte. Uns wurde signalisiert, daß wir es nicht »ungestraft« ansprechen dürfen. Mein Gefühl verdichtete sich: Wenn wir diese Seite ansprechen, werden wir als unfähige Supervisoren in die Wüste geschickt. Wir empfanden uns bisher im Team wie ungeladene Gäste, bei denen man nicht sicher ist, ob man sich über den Besuch freuen oder sich belästigt fühlen soll.

Im Team fehlte bisher in jeder Supervisionssitzung mindestens ein Teilnehmer, meistens wegen psychosomatischer Beschwerden (Kreislauf, Magenschmerzen u. a.), vornehmlich die weiblichen Mitarbeiterinnen. In der siebten Sitzung (also nach 20 Supervisionsstunden) hatten wir immer noch den Eindruck, keinen Halt im Team zu haben und frei im Raum zu schweben. Bei mir drückte sich das darin aus, daß ich mich nicht frei fühlte, Fragen zu stellen, die mir eigentlich wichtig waren, oder Eindrücke zu spiegeln. Jede meiner Interventionen war insofern angstbesetzt und kontrolliert, als ich damit rechnete, in scharfer Form reglementiert oder zurechtgewiesen zu werden.

Obwohl zum Abschluß des vorigen Treffens alle Supervisanden äußerten, daß sie sich in der Supervision diesmal wohler gefühlt hätten, kam in der letzten Sitzung der ersten Phase bei der Frage der Vertragsverlängerung wieder allemeine Skepsis auf. Hans hatte Bedenken wegen des tiefenpsychologischen Ansatzes, Helga äußerte Angst vor der Psychoanalyse und Arnold hatte Bedenken, ob wir die Institution überhaupt richtig verstehen würden; drei Teilnehmer fehlten.

Die Angst vor der Tiefenpsychologie war uns nicht verständlich, denn wir hatten bisher sehr vorsichtig interveniert: Meine Kollegin mehr in Richtung Verbalisierung und Rückmeldung, da die Supervisanden sich gegenseitig ständig mißverstanden ohne es jedoch zu merken, und ich mehr auf der Ebene der arbeitsmäßigen Strukturfindung. Nur einmal haben wir die Probleme des Teams – mehr nebenbei – auch als Mann-Frau-Problem erwähnt. Mit Protest und Unverständnis reagierten alle.

Heute würde ich meine Deutungsintervention mit *Spazier/Bopp* (1975, 165) als »Angstabwehr des Leiters« charakterisieren. Meine Angst, von der Gruppe nicht anerkannt und wichtig genommen zu werden, zog ich aus der abwertenden Atmosphäre im Team und der Fülle der negativen bzw. nicht-positiven Rückmeldungen. Dieses szenische Erleben läßt sich schwer in nachvollziehbare Worte kleiden und ist dadurch für den Leser vielleicht kaum zu verstehen.

Wir hatten uns vom Gruppenprozeß verwirren lassen, hatten die Distanz zur Gruppe verloren, so daß wir nicht mehr in der Lage waren, uns aus unseren Leiterkonflikten zu lösen, um sie als Gegenübertra-

gungsreaktion auf die Gruppensituation bearbeiten zu können. Wir Supervisoren mußten durch neue gemeinsame Hypothesen wieder einen gemeinsamen Nenner für unsere Arbeit finden. Bei *Junker* (1978, 48 ff.) fand ich eine Definition über die »neurotische Beziehungsfalle«, die mein Gefühl in der Gruppe sehr treffend charakterisierte. Als Beispiel einer »pathologisch-zwanghaften Interaktion« nennt *Junker* folgende Kriterien:
1. Versuch einer Auseinandersetzung ums Rechthaben.
2. Der Klient erlebt die Beratung als wertlos.
3. Da der Konfliktstoff dennoch sensibilisiert, braucht der Klient höhere Abwehrmechanismen. Das Symptom verstärkt sich.
4. Der Berater fühlt sich gezwungen und ausgenutzt.
5. Seinerseits wehrt er den Klienten dadurch ab und schützt sich so vor eigener Depression und dem Gefühl des Versagens.

Diese Beziehungscharakterisierung traf die Dynamik unserer Supervision haargenau und eröffnete uns neue Perspektiven, die verfahrene Situation anders zu reflektieren. Ich konnte mir plötzlich besser meine eigene Enttäuschung über die fehlende Anerkennung des einst von mir favorisierten Sozialpädagogenteams eingestehen und dadurch zulassen, daß die Teamsituation durch starke gefühlsmäßige Beteiligung auch meinerseits blockiert wurde.

Das entscheidende an der *Junker*-These für mich war, daß ich plötzlich den Kampf zwischen mir und dem Team als ungleich empfand. *Junker* sprach von »neurotischer Beziehungsfalle«, und ich hatte fortwährend das Gefühl, mich mit einem starken Gegenüber messen zu müssen. Die neue emotionale Einsicht, daß sich hinter dieser vom Team ausgehenden Stärke eigentlich eine tiefe Schwäche bzw. Verunsicherung verbarg, ließ mich erstmals alles in einem anderen Licht sehen. Natürlich konnte man eine Schwäche darin sehen, daß die Mitarbeiter sich die Verletzungen nicht eingestehen konnten, die sie in der Arbeit fortgesetzt erleben. Verbal war diese Trauer und Enttäuschung im Team schon hörbar, konnte aber erlebnismäßig nicht zugelassen werden.

Meine Einschätzung von der Schwere der sozialpädagogischen Arbeit hing vielleicht auch mit der tiefen Resignation zusammen, die ich in meiner Arbeit mit randständigen Jugendlichen erlebt habe. Damals hatte ich die Arbeit im Heim nicht fortführen können, weil ich nicht mitansehen konnte, wie die Jugendlichen immer wieder schuldlos durch alle Raster fielen. Ich habe sie dabei aber auch im Stich gelassen – das sehe ich erst heute –, weil ich ihnen in ihrer Trauer und Verzweiflung nicht nahe sein konnte. Vielmehr ermutigte ich die Jugendlichen immer wieder, es noch einmal zu versuchen, und kämpfte zum Teil energisch gegen ihre Depressionen an. Vielleicht sollte meine Supervision hier so eine Art Wiedergutmachung und Entlastung meiner alten Schuldgefühle sein. Ich wünschte mir, die Sozialpädagogen dabei unterstützen zu können, sensibel und verständnisvoll auf die ratsuchenden Jugendlichen einzugehen, damit sie jetzt das Stück Zuwendung und Verständnis bekommen, das ich ihnen seinerzeit nicht geben konnte.

Bezogen auf die Zusammenarbeit unter uns Supervisoren veränderte sich das Klima dadurch. Wir hatten zwar noch keinen gemeinsamen Nenner in der Bewertung der Teamkonflikte gefunden. Ich konnte mich aber gefühlsmäßig besser auf die Einschätzungen meiner Kollegin einlassen. In unseren Auswertungsgesprächen reagierten wir nicht mehr so gereizt aufeinander. Wir hatten allerdings immer noch keine klaren Hypothesen über das, was die Konfliktgründe im Team ausmacht und was unser Beitrag zur Veränderung sein könnte.

Bauriedl (1980, 220f.) trifft ganz gut unsere Verfassung, wenn sie von ihrer Familientherapiepraxis schreibt, daß die Gefühle der Hoffnungslosigkeit – ich würde hier ergänzen: und Hilflosigkeit – beim Leiter oft ein Indiz dafür sind, daß er die Norm der (Familien-)Gruppe übernommen hat, die lauten könnte: »Niemand darf im Zustand unserer Beziehungen eine Hoffnung auf eine Veränderung finden. Wer dem zuwiderhandelt, dem werden wir beweisen, daß er auch keinen Ausweg finden kann.« Auf diesen Aspekt werde ich in der anschließenden Gesamtbeurteilung unter dem Stichwort »Das Leiterspiel« näher eingehen.

*Bauriedl*s These könnte insofern auf unsere Gruppe zutreffen, als sie erklären hilft, warum wir das durchgängige Gefühl hatten, kein Bein auf den Boden zu bekommen und warum auf unsere Interventionen latent ablehnend bis feindlich reagiert wurde.

Entsprechend unserer gruppenanalytischen Ausrichtung konnten wir unsere Wahrnehmungen wieder ernster nehmen. Im Sinne einer Gegenübertragung drücken unsere hilflosen Gefühle auch einen aktuellen gemeinsamen – unbewußten – Konflikt aller Beteiligten aus. Endlich fanden wir Supervisoren eine gemeinsame Richtung der Hypothesensuche zur Erklärung der Konfliktursache im Team: So wie wir Berater das durchgängige Gefühl hatten, kein Bein auf den Boden zu bekommen, d.h. uns nicht verständlich machen zu können, so fand unserer Einschätzung nach unter den Mitarbeitern ebenfalls kein umfassender Austausch und kein gefühlsmäßiges Verstehen statt. Ihr

Kontakt untereinander mußte genauso begrenzt sein, da die Gefühlsseite, als zur Beratungsarbeit eigentlich dazugehörig, nicht integriert werden konnte. Die Rationalität von Helga und Hans sowie die aggressive Dominanz von Arnold ließen den persönlichen Empfindungen der übrigen Kollegen kaum Raum. Auch die Kränkungserlebnisse, die sich die Mitarbeiter im Laufe ihrer mehrjährigen Zusammenarbeit zugefügt hatten – dies klang zwischen den Zeilen immer wieder an –, durften nicht offen angesprochen werden.

Wir Supervisoren interpretierten unsere gereizten Auseinandersetzungen als Ausdruck dieser nicht-integrierten Anteile im Team. Meine Kollegin hatte primär die Gefühlsseite wahrgenommen, ich eher die pragmatische Seite der sozialpädagogischen Arbeit. (Hier spiegelt sich vielleicht das bereits angesprochene Mann-Frau-Problem wider: Bei der Supervisorin werden die emotionalen Aspekte mobilisiert, während der Supervisor sich für die technisch-rationale Seite verantwortlich fühlt.)

Das Team wollte trotz der geäußerten Skepsis in der letzten Supervisionssitzung die Beratung mit uns fortsetzen. Wir waren auch dazu bereit, weil wir für uns herausfinden wollten, welches denn nun wirklich die unbewußte Konfliktdynamik ausmacht.

Im Zusammenhang mit der Verlängerung erlebten wir eine für dieses Team typische Verletzung. Obwohl wir nur zehn Sitzungen à drei Stunden vereinbart hatten, plante das Team die folgenden Supervisionen ohne Rücksprache mit uns ein. Wir hatten das Gefühl, daß ganz selbstverständlich über uns verfügt wurde. Ich fühlte mich nicht ernstgenommen, sondern benutzt. Raum, diese Kränkung auch anzusprechen, war nicht da; denn die Verletzungen und Vorwürfe, die sich die Teammitglieder untereinander zufügten, waren so intensiv, daß unsere Gefühle dagegen als nichtig und lächerlich erscheinen mußten.

2. Phase: Die Aufdeckung des Gruppengeheimnisses

Vom Setting her verlief diese zweite Phase im gleichen Rhythmus: drei Supervisionsstunden im 14tägigen Rhythmus und zusätzlich zwei ganze Tage außerhalb der Beratungsstelle. Die Zusammensetzung hatte sich allerdings etwas verändert, und zwar hatten die zwei Praktikanten ihre Ausbildung beendet, ein neuer Praktikant war hinzugekommen. Die Erzieherin war wegen Mutterschaft beurlaubt, dafür wurde eine neue Erzieherin eingestellt.

Die eingebrachten Konfliktpunkte bezogen sich in dieser Phase verstärkt auf Probleme in der Zusammenarbeit im Team. Über ihre Beratungstätigkeit mit den Jugendlichen wußten wir immer noch sehr wenig. Die noch offene Vorgesetztenfrage konnte bisher noch nicht geklärt werden, auch die äußeren Strukturbedingungen wurden nicht mehr thematisiert. Die Supervisanden erlebten die Beratung zunehmend als Kränkung, da sie merkten, daß sie ohne uns in ihren Teambesprechungen überhaupt nicht mehr zu tragbaren Entscheidungen fähig waren. Sie erlebten selbst deutlich den Widerspruch zwischen ihrem Anspruch nach selbstbestimmter kollegialer Arbeit und ihrer täglichen Praxis. Es fiel ihnen schwer, sich einzugestehen, daß sie eine Reflexionshilfe brauchen, weil sie aus eigener Kraft ihre Spannungen nicht lösen und miteinander ins Gespräch kommen konnten: »Wo wir schon einen Gruppenleiter nicht akzeptieren können, holen wir uns jetzt zwei Supervisoren, die hier strukturieren müssen!« Meine Kollegin intervenierte daraufhin: »Ihr gehört unseres Erachtens dennoch eher zu den fortschrittlichen Teams, denn ihr könnt euch die Schwierigkeiten eingestehen und Hilfe in Anspruch nehmen. Dies ist schon ein Schritt, der ein großes Maß an Gemeinsamkeit voraussetzt.« Dies zerstreute die Skepsis zwar nicht, machte den Supervisanden dennoch Mut, nicht abzubrechen, und ihr Anliegen ernst zu nehmen.

Zu Beginn unseres Prozesses wurde die finanzgebende Stelle als schuldig an den Teamkonflikten angesehen. Ich spürte den Anspruch der Mitarbeiter, daß wir dies ebenso sehen sollten – ohne Wenn und Aber. Unsere solidarische Einstellung dem Team gegenüber – und dies schien mir inzwischen auch der besagte Schlüssel zum Vertrauen zu sein – zeigte sich in dieser Haltung von uns. Wir bemühten uns, unparteiisch zu sein, aber der Wunsch nach einer Stellungnahme unsererseits blieb spürbar.

In den Mittelpunkt der Reflexion rückte jetzt immer mehr die Gruppe selbst. Eine wichtige Sitzung war das vierte Treffen dieser zweiten Phase. Hier konnten wir die ungeschriebenen Gesetze des Arbeitsteams herausarbeiten. In einem Phantasiespiel sollten alle Mitarbeiter einmal sagen, nach welchen Grundsätzen man sich in ihrer Arbeitsstelle wohl bewegen sollte, um allen gerecht zu werden und worüber nicht laut nachgedacht werden darf. Alle beteiligten sich sehr rege, und wir konnten folgende Regeln festhalten, die alle als verbindlich ansahen:
– Sei hart, sei stark!
– Wer nicht dafür ist, ist dagegen!
– Sei freundlich, unterdrücke Wut!
– Liebe das Chaos!
– Mach die Küche sauber!
– Sei gegen die Finanzierungsstelle!

Beim Zusammentragen dieser Einfälle waren erstmals alle Mitarbeiter gleichmäßig stark beteiligt. Die Stimmung im Team war gelöster und äußerst angeregt. Wir konnten uns entspannt zurückziehen und schauen, was kommt, ohne das Gefühl zu haben, selbst aktiv sein zu müssen.

Allen Beteiligten wurde deutlich, wie das Team durch sehr rigide, unausgesprochene Regeln, deren Verletzung nachhaltig sanktioniert wurden, versuchte, sich nach außen als arbeitsfähig darzustellen. An dieser Stelle konnten wir unseren Eindruck auch einbringen, oft den Druck zu verspüren, daß auch wir die Finanzierungsstelle vorbehaltlos verurteilen sollten.

Interessant erscheint mir auch, daß die Einhaltung dieser Regeln in der Praxis natürlich kaum möglich war, da sich mindestens zwei Regeln gegenseitig ausschlossen. Diese doublebind-Situation mußte natürlich unweigerlich zu Spannungen führen, da man sich trotz größter Mühe und bester Absichten nur falsch verhalten konnte. Die Regeln bzw. die ungeschriebenen Gesetze der Gruppe sind in Beziehung zu dem Mythos zu sehen, den alle Teammitglieder unbewußt teilen: »Wir sind eine funktionierende kollektive Arbeitsgruppe, in der jeder dieselbe Kompetenz hat, da jeder autonom für sich entscheiden kann. Schuld an Störungen unserer Kooperation ist die Finanzierungsstelle.«

Das Besondere des Mythos scheint gerade darin zu liegen, extreme Spannungen, die angstmachend sind, zu vereinigen. So muß es auch nicht wundern, wenn die aufgestellten Anforderungen sich teilweise ausschließen oder widersprechen.[10]

Die bisher als gelöst bewertete Vorgesetztenfrage tauchte im Team wieder als offenes Problem auf: Die Finanzierungsstelle wurde bisher als Sündenbock gesehen, gegen die sich das Team als Ganzes verbünden konnte. Über die Wechselwirkung zwischen Team und Finanzierungsstelle konnte jetzt laut nachgedacht werden, ohne daß zu plakativen Formeln gegriffen werden mußte.

Auffallend war allerdings, daß in der nächsten Sitzung von den zehn Teilnehmern nur noch vier anwesend waren und von den fehlenden sechs Mitarbeitern vier unentschuldigt fehlten. Das Thema mußte stark beunruhigend gewirkt haben; eine angstmindernde Abwehr war durchbrochen worden.

Der Mythos freilich ist den Beteiligten nicht unbedingt unbewußt. Unbewußt sind meist die im Mythos gebundenen Ängste. Deshalb stehen Mythen und Tabus in so engem Zusammenhang: Die im Mythos gebundenen Ängste und Themen dürfen von den Einzelnen nicht angesprochen werden.

Ich verstehe den Mythos in diesem Zusammenhang wie ein neurotisches Symptom: Das Symptom ist dem Betroffenen auch bekannt, unbekannt und unbewußt hingegen ist der Sinn, der das Symptom zu einem solchen gemacht hat und erhält.[11]

Es war sicherlich kein Zufall, daß in der Sitzung nach der Mythenentschleierung so auffallend viele Mitarbeiter unentschuldigt wegblieben. Ein Schutz war weggefallen, der bisher die Gefühle einigermaßen zusammengehalten hatte. In der nächsten Sitzung brach sozusagen die unterdrückte Seite der Team-Regeln auf:

– »Ich will den Wir-Schutz nicht mehr, ich fühl mich stark genug!«
– »Wenn das mein Ding ist, dann muß ich das auch machen!«
– »Auf der einen Seite das Wir, auf der anderen Seite ist jeder ein schillernder Individualist.«
– »Ich glaube fast, daß ich meine Gefühle gar nicht haben darf!«
– »Ich weiß nicht, wie mit meiner Meinung hier umgegangen wird.«
– »Ich habe Angst, hier in der Gruppe was zu sagen, weil ich dann ausgeschlossen werde.«
– »Unter uns ist wenig Vertrauen, wir sind so schnell bereit, uns persönlich anzuschießen.«

So umfassend konnten die erlebten Verletzungen, Kränkungen und negativen Seiten der Teamarbeit noch nie geäußert werden. Sylvia wurde dabei immer »saurer« und verließ die Sitzung vorzeitig, ohne zu sagen, warum. Helga, die immer die größte Skepsis hinsichtlich der Supervision signalisierte, fand die Sitzung überraschenderweise sehr gut. Sie fühlte sich an ihre Therapie erinnert, die sie inzwischen begonnen hatte. Der Tenor der Sitzung läßt sich mit dem abschließenden Blitzlicht eines Supervisanden treffend umschreiben: »Ich glaub', wir können mit unseren Freiräumen nicht umgehen!« Gemeint war damit die Möglichkeit zur weitgehenden Selbstgestaltung der Arbeit ohne direkten Vorgesetzten.

In darauffolgenden Sitzungen versuchen einzelne Mitarbeiter auch über ihre konkrete Arbeit mit den Jugendlichen zu sprechen. Aber sehr schnell weicht das Team von der Ebene der Fallbearbeitung auf die Beziehungsebene unter den Kollegen aus. Vorwürfe und Kränkungen, alte Verletzungen schieben sich regelmäßig so stark in den Vordergrund, daß die Auseinandersetzungen eine destruktive Richtung nehmen. Manchmal werden dabei biographische Erlebnisse genannt, die zu einem Verständnis der Spannungen – zumindest teilweise – beitragen: Geschwisterrivalitäten, alte Vater- oder Mutterfixierungen, die durch einen Kollegen/eine Kollegin wieder reaktiviert werden. Mit dem Versuch, den Falleinbringer, der dadurch sehr schnell in die Sündenbockrolle kommt, zu schützen, ziehen wir uns die massiven Aggressionen der anderen zu.

Wir erleben diese Form der Aussprache selbst auch als belastend, da man regelrecht das Säbelgerassel und die tiefen Verletzungen spürt, die sich gegenseitig zugefügt werden. Was soll sich dadurch klären? Meine Kollegin versucht dahingehend zu stützen, indem sie interveniert, daß die unterdrückten Kränkungen und die damit verbundenen Verletzungen viel mehr schmerzen können, wenn sie nicht zugelassen werden. Das Zulassen der unterdrückten Wut und Trauer könne anschließend auch heilsam sein und als befreiend erlebt werden.

Ich hatte das Gefühl, daß es auf des Messers Schneide steht, ob das bisher vom Team Angesprochene letztendlich eine positive Kraft entfaltet oder ins Destruktive umschlägt. Es hätte mich sehr enttäuscht, wenn die Supervision zu diesem Zeitpunkt gescheitert wäre. Einerseits hatten wir soviel Kraft für diesen Reflexionsprozeß aufgebracht, und andererseits hätte ein vorzeitiges Ende der Supervision für das Team vermutlich auch bedeutet, daß sie fortan nicht wieder versuchen, ihre Konflikte in dieser Form zu klären. Ferner erlebte ich die Mitarbeiter trotz der teilweise immer noch gezeigten Ablehnung uns gegenüber viel wärmer und näher, lange nicht mehr so groß und überlegen.

Der emotionale Durchbruch zu einer Veränderung wurde durch zwei Klienten der Beratungsstelle forciert, denen es sehr schlechtging. Gerda berichtete darüber, weil sie sich durch die beiden Jugendlichen besonders stark belastet fühlte. Als sie die wirklich dramatischen Vorfälle und Schicksale ihrer Klienten in der Supervision schilderte, mußte sie weinen, was mich auch ansteckte. Hans versuchte die gleichmäßig aufgeladene Atmosphäre durch einen Hinweis auf die gesellschaftlichen Mißstände in den Griff zu bekommen. Die emotionale Anteilnahme im Team war knisternd spürbar, konnte aber nicht offen gezeigt werden.

Um ihren Druck dennoch bearbeiten zu können, kam Gerda zu zwei Einzelsitzungen zu mir. (Dies war übrigens die erste Fallbesprechung gewesen; bisher hatten wir über die ratsuchenden Jugendlichen nur wenig erfahren.)

Die Supervisionsdynamik hatte sich inzwischen dahingehend verändert, daß die Mitarbeiterinnen sich zunehmend an meiner Kollegin orientierten und die Männer mehr an mir. Die Orientierung an mir zeigte sich weniger inhaltlich als nonverbal. Typische Handbewegungen von mir wurden von Arnold und Hans übernommen. Wenn ich etwas sagte, schauten sie sehr aufmerksam.

Wir erinnern uns, daß wir Supervisoren in der ersten Phase unterschiedliche bzw. schwankende Einschätzungen über die Konflikte im Team hatten. Wir waren sehr unsicher, ob die Teamkonflikte durch die Organisationsstruktur oder die psychischen unverarbeiteten Anteile der Mitarbeiter dominiert wurden. In der hier beschriebenen zweiten Phase versuchten wir uns durch unterschiedliche Einschätzungen nicht mehr auseinanderdividieren zu lassen. Vielmehr bezogen wir unsere Empfindungen auf unterschiedliche Tendenzen, die die Dynamik des Teams bestimmten. Wir verstanden die scheinbar gegensätzlichen Tendenzen, die in uns mobilisiert wurden, als jene Kraftströme, die auch das Team beherrschen (vgl. *Heising/Möhlen* 1980). Zwei widerstrebende Tendenzen lassen sich m. E. ausmachen:

1. Solidarität und gemeinsames Handeln vs. Individualität und Konkurrenz;
2. Konfliktlösung durch organisatorisch-politisches Handeln vs. Zulassen der gefühlsmäßigen Betroffenheit, Hilflosigkeit und Verletzungen.

Dieses Verstehen half uns Beratern, die scheinbar widersprüchlichen Äußerungen und Erwartungen an uns besser auszuhalten. Wir interpretierten die widerstrebenden Tendenzen als noch unintegrierte Teile eines Ganzen. Nur wenn wir jeden Beitrag ernst nehmen, können wir dazu beitragen, die verselbständigten Teilaspekte zu synthetisieren.

Unser Anspruch, objektive Dinge nicht psychologisch zu interpretieren, hinderte uns – oder bewahrte uns davor –, eine Tendenz als alleingültige und richtige zu favorisieren. Noch nie so stark wie in dieser Supervision habe ich die Verquickung von Psychischem und Sozialem erlebt. Eine klare Analyse der Bedingungsfaktoren, wie ich es zusammen mit *Conrad* (1983) als Ziel des berufsbezogenen Beratungsprozesses formuliert habe, ließ sich einfach so schnell nicht realisieren.[12] Die Mosaiksteinchen der Konfliktkonstellationen waren zu vielfältig und mußten erst alle für sich sorgfältig betrachtet werden, ehe sie vielleicht später einmal zu einem Ganzen zusammengefügt werden konnten.

Sicher war jedenfalls an der Einschätzung, daß sich nur durch unbewußte Prozesse die Verzerrungen in der Wahrnehmung der Supervisanden erklären lassen. Anzeichen mobilisierter unbewußter Familiendynamik bei den Mitarbeitern wurden zuerst an der Geschwisterrivalität sowie den Vater- und Muttervergleichen deutlich, die sie selbst als Erklärungsmuster für ihr gereiztes Verhalten anführten. In der Beziehung zu uns zeigte sich u. E. eine Elternübertragung, wenn einzelne

Mitarbeiter ängstlich nachfragten, was denn los sei, wenn wir getrennt zur Supervision kamen. Ferner schienen wir für sie auch eine erstrebenswerte Einheit zu repräsentieren, denn unsere Kommunikation und Beziehung untereinander wurde sehr genau beobachtet.

Diese Übertragungshypothese könnte man psychoanalytisch mit *W. Schindler* (1980, 18) erklären. Dieser englische Gruppenanalytiker geht davon aus, daß jedes Gruppengeschehen mehr oder weniger stark mit Phantasien der Teilnehmer einhergeht, nach der die Gruppe wie eine nährende Mutter erlebt wird. Besonders in schwachen und unorganisierten Gruppen finden sich solche Wünsche, die mit Gefühlen des In-der-Gruppe-Untertauchen-Möchtens einhergehen. In dieses Bild der Mutterübertragung auf die Gruppe paßte nicht nur die ambivalente Haltung uns gegenüber, sondern auch das fast familiäre Wohngemeinschaftsklima im Team. So kam eine Mitarbeiterin zum Beispiel immer in Hausschuhen und im Hausanzug zur Supervision und zur Arbeit. Dieses werteten wir zwar als Wunsch nach symbiotischer Nähe, ohne damit aber beraterisch arbeiten zu können.

Nach Ablauf dieser Supervisionsphase wollten alle Supervisanden – bis auf Helga – den Vertrag mit uns verlängern. Diesmal fragten sie uns auch mit ein wenig Skepsis, ob wir denn weitermachen wollten. Wir konnten uns das grundsätzlich vorstellen, da wir den Eindruck hatten, daß die erarbeitete Basis noch nicht für eine bessere Kooperation und Beratungsreflexion im Team ausreicht.

In dieser letzten Sitzung war ich zuerst aufgeregt und angespannt. Ich war froh, daß meine Kollegin die Leitung so klar übernommen hatte, denn dadurch konnte ich mich gut über eine Stunde lang zurückhalten. Als mich Helga nach der Abschlußauswertung fragte, wie ich das Gesagte einschätzen würde, spürte ich einen Druck. Ich sagte zuerst nichts und schaute in die Runde. Alle wirkten sehr aufmerksam, für diese Supervision eine seltene Situation. Als ich überlegte, was die Frage bedeuten könnte, spürte ich die Erwartung, daß ich jetzt Schiedsrichter sein sollte, der das Urteil über die verschiedenen Einschätzungen der Mitarbeiter spricht. Ich antwortete deshalb: »Ich habe das Gefühl, daß ich nun eine Art Urteil sprechen soll, und dabei fühle ich mich unwohl.«

Danach entwickelte die Gruppe tatsächlich die Phantasie, daß das Team einen Leiter brauche, der strukturiert. Helga blühte bei der Phantasie regelrecht auf, daß wir die Dompteure der Gruppe spielen könnten. Wir sollten die Gruppe hart anpacken, aber eben wiederum auch nicht.

Die Abschlußauswertung der einzelnen Mitglieder sah folgendermaßen aus:

»Es hat's nicht gebracht. Ich habe meine Sachen nicht eingebracht. Häufig gab es therapeutische Tiefschläge, die nicht aufgefangen wurden. Das ist auch eine Kritik an euch. Die Tiefschläge haben sich destruktiv ausgewirkt. Manchmal war es richtig erlabend, wenn einer einem in der Woche mal einen Tee oder Kaffee brachte. Sonst hat sich alles auf den Supervisionstermin konzentriert. Ich glaube, daß man in Zweiergesprächen unter Kollegen mehr klären kann. Wir müßten eine andere Form für die Supervision finden. So will ich nicht weitermachen. Es ist immer tiefer und destruktiver geworden. Ich hab' das Bild, das mich an Phasen einer Zweierbeziehung erinnert. Daß man etwas erzwingen will. Manche von uns wollen durch die Supervision ein Mehr an Nähe erzwingen. Das geht nicht.« (Helga)

»Nähe: durch die Supervision konnte ich Nähe eher zurücknehmen, ohne Angst zu haben. Das war sehr anstrengend und schmerzhaft, aber gut.« (Ute)

»Die Supervision hat mich sicherer gemacht. Ich habe aber auch fachliche Kritik an euch. Mein Ziel war, Klarheit für mich zu kriegen in der Frage: Wo stehe ich? Ich wollte nicht Gründe suchen, sondern die Zerrüttung feststellen. Das sehe ich jetzt klarer. Mein neues Ziel wäre: Wie finden wir arbeitsmäßig trotz der Zerrüttung wieder zusammen?« (Hans)

»Wir haben einen Punkt erreicht, wo wir jetzt stehen, der macht mir Angst. Angst, weil ich glaube, daß Kollegen nur noch Genugtuung wollen. Früher hatten wir Tabus, die haben wir nicht mehr. Ich möchte auf eine Art wieder neue Tabus, z. B., daß es nicht mehr so tiefschürfend wird. Ich habe Angst, daß es kocht und kocht und man nicht weiß, wie weit es geht. Ich finde Supervision gut, aber in einem anderen Rahmen, um nicht in die dunklen Gefilde der Seele zu kommen.« (Monika)

»Mein Ziel war, mehr Klarheit zu gewinnen. Für mich sehe ich jetzt klarer, und ich kann mich besser abgrenzen. Der Schmerz kommt hier aus der Gruppe und ist nicht durch die Supervisoren therapeutisch forciert worden. Ich habe mir den Schmerz angeschaut, er ist gar nicht so schlimm nachher. Mir geht es ganz gut.« (Sylvia)

»Positiv für mich ist, daß die Abgrenzung klarer ist. Ich fühle mich schuldfreier. Geschafft bin ich noch, da Spannungen aufgewühlt wurden, die nicht gelöst sind. Früher war es noch schlimmer: Da war ich nach unseren Teambesprechungen immer ganz geschlaucht. Da war mir nach den Gesprächen immer unklarer, was denn jetzt los ist.« (Gerda)

»Es hatte oft eine therapeutische Richtung. Und das wirkt auf die Kollegen unterschiedlich, da alle unterschiedliche Erfahrungen mit

Therapie haben. Harald war das letzte Mal auch therapeutisch, als er mich an unseren Vertrag erinnerte. So etwas kenne ich aus der Therapie, aber die macht man freiwillig. Trotzdem sehe ich, daß es ohne Supervision noch schlimmer ist, daß wir das in unseren Besprechungen nicht alleine schaffen.« (Arnold)

»Mir hat das eine ganze Menge Klarheit gebracht. Meine Unsicherheit von damals ist mir klarer. Ich kann mich inzwischen ganz gut durchsetzen. Ich möchte, daß es weitergeht. Ich weiß aber nicht wie, wir können ja auch selbst bestimmen, was wir hier machen.« (Erzieher)

Wir wollten uns die Bedingungen unserer Arbeit aber nicht mehr so passiv vom Team diktieren lassen. Deshalb wünschten wir klarere Abmachungen. Um eine gemeinsame Grundlage für die Verlängerung zu haben, einigten wir uns darauf, daß jeder Mitarbeiter für sich allein einen Fragebogen ausfüllt, aus dem hervorgeht, was er sich an Veränderungen wünscht, was sich dadurch für die Arbeit verändern soll und welchen Beitrag wir dazu leisten könnten. Wir waren gespannt, ob dieser Bogen ausgefüllt wird, denn erst dann sollte ein neues Gespräch für die letzte Supervisionsphase stattfinden.

Nach diesem vorläufigen Abschluß – es war noch offen, ob die Mitarbeiter die Bögen ausfüllen würden – hatte ich während meines Urlaubs einen Traum von der Gruppe:

Es ist kurz vor einem Supervisionstermin, meine Kollegin, mit der ich die Gruppe zusammen leite, ist noch nicht fertig zum Gehen. Sie möchte sich noch in Ruhe zurechtmachen. Sie sagt, ich solle schon losgehen, sie käme in zwei Minuten nach. Als ich ins Team komme, sitzen die Mitarbeiter um einen ovalen Tisch. Das Bild sieht etwas chaotisch aus, da die Sozialpädagogen, so, wie sie sitzen, kein homogenes Bild vermitteln. Gleich zu Anfang steht Gerda, eine frühere Freundin von mir, auf und erzählt einen Traum. Niemand hört zu. Irgend jemand stellt ein Tonband an, ein anderer bringt einen lautstarken Apparat in Betrieb. Ich spüre, wie wichtig der Traum für Gerda ist. Sie wirkt emotional sehr beteiligt. Aber niemand schenkt ihr Aufmerksamkeit. Ich werde ärgerlich darüber, mich macht es betroffen, weil ich ihr Engagement spüre. Ich versuche für Ordnung zu sorgen, aber vergebens. Meine Kollegin kommt immer noch nicht. Als die Pause anbricht, bin ich so geladen, daß ich wütend nach dem Kartoffelbrei greife, der in einer Schüssel auf dem Tisch steht, und ihn lautstark an die Wand schleudere. In der Pause ist die Kollegin endlich da. Wir fahren zusammen Fahrrad. Ich sage zu ihr, daß ich auf sie gewartet habe. Sie meint, daß ich doch immer schon mal die Gruppe allein leiten wollte, und da dachte sie, ich würde mich darüber jetzt freuen. Jetzt werde ich noch wütender. Plötzlich merke ich, daß ich sehr traurig bin, mich allein gelassen fühle und weinen muß.

Zum Verständnis des Traumes soviel: Gerda, die ich als meine frühere Freundin geträumt habe, heißt auch die Sozialpädagogin, die in einer der letzten Sitzungen von den dramatischen Situationen mit einem jugendlichen Klienten berichtete. Als sie darüber sprach, kamen mir auch die Tränen. Da sie im Team nicht den Raum fand, über ihre Trauer und Belastung zu sprechen, nahm sie zwei Einzelsitzungen bei mir. Nach Beobachtungen des Psychoanalytikers *Zwiebel* (1984) signalisieren Träume des Analytikers von seinem Patienten meist eine Störung zwischen beiden. Besonders »gefährdeter oder verleugneter Kompetenzverlust des Analytikers« drücken sich in seinen Träumen über den Patienten als Indikator einer Gegenübertragung aus.

3. Phase: »So geht es nicht weiter!«

Die sechs Sozialpädagogen und der Erzieher hatten die Fragebögen ausgefüllt an uns zurückgeschickt. In einer Form, wie ich sie für dieses Team typisch fand: Unterfrankiert, so daß wir das Nachporto bezahlen mußten. Ich übersetzte diese kleine Aggressionsspitze so: Die Berater sollen es mit uns nicht zu leicht haben, außerdem sollen sie uns geben und nicht auch noch fordern!

Von allen Mitarbeitern wurde als erstes Ziel der Supervision die bessere Zusammenarbeit im Team genannt. Wir Supervisoren »sollten darauf achten, daß das eingebrachte Problem auch tatsächlich diskutiert wird und nicht von vielen anderen Problemen zugeschüttet wird«, ferner sollten wir »ungeklärte Situationen entlarven und so zu mehr Offenheit beitragen«. Ein Supervisand schrieb, daß »Euer zeitweises ›Raushalten‹ und ›Kommenlassen‹ wichtig für den Prozeß ist«.

Wir begannen diese neue Phase mit einer 4stündigen Sitzung, um in Ruhe unseren neuen Supervisionskontrakt zu besprechen. Mir war wichtig, ausreichend Zeit zu haben, um nicht wieder unter Leistungsdruck zu kommen oder etwas klären zu wollen und dann mittendrin abbrechen zu müssen. Uns Supervisoren war für diesen letzten Abschnitt – eine weitere finanzielle Bewilligung war nicht möglich – wichtig, sehr klare Arbeitsabsprachen zu haben. Ich wollte verhindern, daß wir Probleme vertieft reflektieren, wenn dies nicht von allen gewünscht wird. Mein Arbeitsauftrag sollte dieses Mal so klar wie möglich sein, ich wollte mich so vor Vorwürfen schützen, daß wir zu tief gegangen seien oder an der Oberfläche verharrt hätten. Das Team kannte unseren Arbeitsstil und konnte jetzt selbstverantwortlich aushandeln und beurteilen, was ihnen fehlte und wo sie mit unserer Hilfe mehr Klarheit wünschten.

Ferner war es mir wichtig, gleich zu Anfang meine Einschätzung darüber abzugeben, was ich in diesem begrenzten Zeitraum als realistisches Supervisionsziel ansah. Dazu gehörte auch das Setting, das m. E. neu überlegt werden sollte. Mir schien ein veränderter Supervisionsrhythmus auf wöchentlich zwei Stunden günstiger, da der Prozeßcharakter dadurch stärker unterstrichen wird. Auch sollte überlegt werden, wer künftig verbindlich an der Supervision teilnimmt. Die große, arbeitsmäßig heterogene Gruppe, die zudem in der Vergangenheit durch Fluktuation und Krankheit sich ständig veränderte, ließ m. E. nur begrenzte Möglichkeiten der konzentrierten Reflexion zu. Besonders die Teilnahme der Erzieher schien mir unter diesen besonderen Umständen eher hinderlich.

Die beiden Erzieher empfanden es als Erleichterung nicht mehr an der »stressigen« Supervision teilnehmen zu müssen, der Praktikant wollte ebenfalls ausscheiden, da er noch eine weitere Supervisionsgruppe hatte, die Verwaltungsangestellte hatte in der Zwischenzeit gekündigt. So war das Team auf die sechs Sozialpädagogen und den einen Erzieher zusammengeschrumpft. Der wöchentliche Rhythmus wurde von allen als Chance zu einer intensiveren Klärung gesehen. Für mich sehr überraschend, gab die Sozialpädagogin Gerda in dieser Sitzung bekannt, daß sie sich entschlossen habe, eine andere Arbeitsstelle zu suchen. Sie könne die Verletzungen durch die Kollegen nicht mehr verkraften, fühle sich in der Arbeit allein gelassen und wünsche sich einen Arbeitsplatz mit einer klaren Struktur. In der verbleibenden Zeit wolle sie bis zu ihrem Weggang ihre Trennung vom Team bearbeiten. Einige Kollegen erfuhren erst jetzt von Gerdas Entscheidung. Besonders betroffen reagierte Sylvia. Sie fühlte sich nun ihrerseits von ihrer langjährigen Kollegin im Stich gelassen und war über die Entscheidung sichtlich enttäuscht, weil sie auch keine Möglichkeit der Beeinflussung gehabt hatte.

Der Ausstiegsentschluß von Gerda kam auch für mich sehr überraschend, denn in den Sitzungen vor der Pause hatte sie am stärksten an ihrer Trauer und Verletzung gearbeitet. Ich hatte allerdings auch den Eindruck, daß die Arbeit in dieser hektischen, strukturschwachen und sich gegenseitig wenig unterstützenden Arbeitsgruppe sie überforderte. Der beabsichtigte Wechsel in einen Arbeitsbereich mit traditionell-hierarchischer Struktur konnte sie vielleicht vor psychischer

Überforderung schützen. Interessant finde ich im nachhinein meinen Traum, in dem gerade Gerda sich unverstanden fühlte.

In den nachfolgenden Sitzungen arbeitet das Team anhand konkreter Situationen heraus, wo sich die einzelnen Kollegen in der Arbeit »hängengelassen«, »mißverstanden« oder »boykottiert« fühlten. Diese Auseinandersetzungen wurden häufig ziemlich lautstark und intensiv ausgetragen. Mich bedrohte das nicht mehr so stark, ich konnte die Spannung jetzt besser aushalten. Ich spürte nicht mehr den starken Impuls, den Angegriffenen schützen zu müssen. Meine Einschätzung war, daß die Konfrontationen und Verletzungen, die sich hier vor unseren Augen abspielten, auch im normalen Arbeitsalltag so schmerzhaft waren, daß sich hier nur wiederholte, was latent sowieso vorhanden war. Vielleicht konnte die Supervision ein Rahmen sein, in dem die gegenseitigen Behinderungen nochmals erlebt und dadurch verändert werden können.

So dauerte es drei Sitzungen, in denen versucht wurde, über konkrete Beratungsfälle zu sprechen, die aber alle im Chaos endeten: Anschreien, Vorwürfe, sehr alte, immer noch lebendige Vorfälle, wo man sich im Stich gelassen fühlte, wurden wieder aktuell.

Inzwischen hatte sich die Aufteilung unter uns Supervisoren verändert: Bei dieser Gefühlsarbeit konnte meine Kollegin sich sehr viel stärker einbringen und wurde jetzt auch zunehmend von den Männern respektiert. Während bisher Arnold sie nie hatte aussprechen lassen, fragte er jetzt nach, wenn er etwas nicht verstanden hatte, ohne sich dabei aber direkt ihr zuzuwenden – so als wollte er nicht zeigen, daß die Supervisorin für ihn wichtiger geworden war.

Diese Gefühlsarbeit schien uns wichtig, damit die schwelenden Kränkungen im Team gemindert werden konnten, aber wichtiger noch, damit die Berater sich wieder auf ihre ratsuchenden Jugendlichen einlassen konnten. Wir versuchten stellenweise mitzureflektieren, wie es den Jugendlichen in ihrem Leid als Ausgestoßene gehen muß, wenn sie in der Beratung nicht die nötige Aufmerksamkeit bekommen. Über diesen Fokus konnten die Mitarbeiter wieder über ihre Beratungsarbeit sprechen. Sie schilderten Situationen, die ihnen schwerfielen, in denen sie sich stark aufgrund ihrer eigenen Biographie mit den Jugendlichen identifizierten. Über diese Sensibilisierung mit den Verletzungen konnten sich die Sozialpädagogen besser in die Lage versetzen, was sie selbst als Ratsuchende wünschen würden. Darüber wurde die Diskrepanz zwischen ihrem praktizierten Beratungsstil und ihren eigenen Wünschen nach Aufmerksamkeit und Angenommensein sinnlich erfahrbar.[13]

Helga machte die gefühlsbezogene Form der Supervision zunehmend zu schaffen. Sie fühlte sich im Team isoliert, da alle Kollegen auf die mehr emotionale Ebene eingestiegen waren. Sie fühlte sich dadurch allein gelassen und mißverstanden, weil über die technisch-organisatorischen Angelegenheiten nicht mehr gesprochen wurde.

Ich erlebte ihren Schritt, die Supervision zu verlassen, auf eine bestimmte Art als befreiend für mich. Schon von Anfang an erlebte ich ihre starke Ambivalenz und Skepsis mir gegenüber. Andererseits fand ich ihre Entscheidung bedauerlich, da ich mir vorstellen konnte, daß sie durch ihr Wegbleiben aus der Supervision noch mehr in die Isolation gerät, während das Team als Ganzes näher zusammenrückt. Ich drängte Helga nicht zum Bleiben, was ich emotional auch nicht konnte. Sie war die Supervisandin, die zu Beginn die größte Angst signalisierte. Sie wollte auf keinen Fall »Psycho«, wie sie es nannte. In der ersten Zwischenbilanz hingegen fand sie die Supervision deshalb so gut, weil es hier genauso tief ging wie in ihrer neu begonnenen Therapie.[14] Ich wertete es dennoch als Supervisionserfolg, daß sie sich, durch die Reflexion hier motiviert, eine Therapie suchen konnte, die sie leider vorzeitig wieder beenden mußte. Obwohl ich ihren Ausstieg aus unserer Beratung dahingehend verstehen konnte, daß ihr diese Phase ohne therapeutischen Rückhalt zu heiß wurde, erlebte ich es doch als versteckten Vorwurf gegen mich: »Sieh, du hast dich nicht genügend um mich gekümmert, hast mich nicht richtig verstanden, konntest mich nicht schützen und hast nicht gespürt, was ich mir eigentlich gewünscht hätte!«

Das Zusammenspiel unter uns Supervisoren war in diesem letzten Abschnitt sehr viel fester. Meine Kollegin fühlte sich erstmals durchgängig gleichberechtigt neben mir.

Ich hatte mir fest vorgenommen, die vereinbarte Struktur einzuhalten. Ich wollte mich nicht mehr »verarschen« lassen.[15] Bei allem intellektuellen Verständnis für die Schwere der Arbeit, die bei den Sozialpädagogen durch die Konfrontation mit dem Leid der Jugendlichen eigene verletzte Kindheitserinnerungen mobilisieren mußte, blieb bei mir ein emotionaler Rest von Nicht-anerkannt-Werden durch die Mitarbeiter. Alle Theorie konnte mich von diesem Gefühl nicht freiwaschen. Ich wollte mich durchsetzen und am liebsten auch noch Anerkennung und Aufmerksamkeit für meine Arbeit erfahren. Um mich vor dem Gefühl der Ausbeutung zu schützen, wollte ich die Sitzungen nicht überziehen und achtete deshalb mit größter Genauigkeit auf die pünktliche Beendigung, zumal sich der Beginn oft lang hinauszögerte.

Einmal gingen wir Supervisoren mitten im Satz aus der Sitzung, weil die Zeit um war. Wir erlebten es als aggressiv und rücksichtslos, daß wir nach so langer Zeit immer noch jedesmal auf die Uhr schauen mußten, um die Supervision dadurch zu beenden.

Doch nach diesem abrupten Schluß durch uns bekam ich riesige Schuldgefühle. Meine Bestrafungstendenzen erinnerten mich an »Schwarze Pädagogik«. Schon in einer der vorherigen Sitzungen fing ich aus Hilflosigkeit mitten in der Supervisionssitzung an, Papierflugzeuge zu basteln und fliegen zu lassen. Zum x-ten Mal wurde über die alte Verordnung der Finanzierungsstelle bezüglich der neuen Beratungszeiten gesprochen, ohne daß eine Lösung in Sicht gewesen wäre. Helga hatte das Thema wieder einmal eingebracht und bestand auf einer Diskussion darüber. Begleitet war diese Flugzeugaktion von dem Wunsch, mich souveräner zu fühlen, denn anzusprechen war die Situation erfahrungsgemäß nicht. Man hätte mir dann vielleicht wieder vorgeworfen, das Problem – nein, ihr Problem – nicht richtig zu verstehen. Von den anwesenden Mitarbeitern reagierte interessanterweise niemand auf meine Flugzeugaktion.

Nachdem Helga die Supervision verlassen hatte und Gerda, die auf ihre neue Stelle wartete, krankgeschrieben war, schrumpfte das Team zu einer übersichtlichen Gruppe zusammen. Von Team-Supervision im klassischen Sinne konnte von daher keine Rede mehr sein, da nicht alle Kollegen an dem Reflexionsprozeß beteiligt waren. Das ungute Gefühl bei mir blieb, daß sich die Restgruppe über Helga stabilisiert hatte. Wir sprachen diese versteckte Sündenbockdynamik zwar an und wurden darin sogar von der verbleibenden Restgruppe bestärkt, aber eine Lösung schien nicht in Sicht. Durch das Ansprechen und Bewußtmachen sahen wir aber die Chance, daß sich diese Dynamik nicht wiederholen würde.[16]

In den letzten verbleibenden Sitzungen fand wieder eine gewisse Annäherung unter den Kollegen statt. Unterschiedliche Arbeitsstile konnten besser verstanden und akzeptiert werden. Hans und Arnold, die immer als Bündnispartner erschienen waren, setzten sich erstmals öffentlich auseinander.

Bezogen auf die Arbeit wurde der Wunsch nach einer klaren, weniger störanfälligen Arbeitsweise von allen Mitarbeitern geäußert. Ein Schritt in diese Richtung waren neue Arbeitsabsprachen und Kompetenzaufteilungen. So wollten die Sozialpädagogen jetzt ihre Arbeits- und Fallbesprechungen unter sich in ihren Teamsitzungen durchführen, ohne daß diese Besprechungen durch die Teilnahme aller Beschäftigten so chaotisiert wurden, daß weder Ergebnisse erzielt, noch richtig kommuniziert werden konnte.

Wir erlebten diese Phase als viel konstruktiver als die vorherigen. Mein Gefühl, nicht von der Gruppe hereingelassen zu werden, war verschwunden. Ich hatte erstmals ein »Ich-Gefühl« im Team, d. h., ich wurde nicht mehr in eine starre Beraterrolle gezwängt, sondern konnte auch von mir als Supervisor einbringen, wie es mir geht und was ich empfinde.

Das Gefühl, »sich ständig im Kreis zu drehen«, hatte sich zu einer Atmosphäre verändert, in der Spontaneität möglich war und in der vor allem versucht wurde, auf die jeweiligen Beiträge einzugehen, zu verstehen, was der andere überhaupt zum Ausdruck bringen möchte.

Zu Beginn der letzten Sitzung sprach die Gruppe zu Anfang noch einmal über ihre neue Arbeitsweise. Ich war unsicher, ob sie das Ende der Beratung überhaupt ansprechen wollten und hielt mich im ersten Teil total zurück. Nach der Pause brachten wir dann von uns aus ein, daß wir zum Abschluß über unsere Beziehung zum Team sprechen möchten. Mir war es wichtig zu erfahren, wie das Team die Sitzung erlebt hat, in der ich so abrupt-pünktlich Schluß gemacht hatte. Ich sagte auch, daß ich selbst sehr unsicher in diesem Punkt sei, weil ich bei mir damals Bestrafungstendenzen gespürt habe. Zu meiner Überraschung bekundeten die Teammitglieder, daß sie diese Reaktion als realitätsangemessen erlebt hätten. Zuerst seien sie sehr wütend auf uns gewesen. In ihrer Nachbesprechung konnten sie unser Verhalten aber als Reaktion auf ihr Verhalten beziehen und so verstehen, was abgelaufen war. Für sie war unser Gehen ein wichtiges Signal, »daß es so nicht weitergeht und eine Grenze erreicht ist«.

Alle Kollegen äußerten zudem, daß sie nach dieser 2jährigen Supervision viel besser mit den resignativen Gefühlen der Jugendlichen umgehen können. Sie hatten nicht mehr das Gefühl, ihnen sofort konkrete Hilfen anbieten oder Ratschläge geben zu müssen, an die sie ja im Grunde selbst nicht recht geglaubt hätten. Ihr Spannungsbogen, sich auf die oft auswegslose Situation ihrer Jugendlichen einzulassen, ihnen erst einmal zuzuhören, war enorm gestiegen, ohne daß sofort Schuldgefühle wegen der mangelnden Hilfe bei ihnen hochkamen.

Da auch wir ihre Spannungen und Aggressionen so lange erlebt hatten, konnten sie erfahren, daß so etwas möglich ist. Wichtig war ihnen, daß wir die Ablehnung durch das Team, die ihnen durchaus bewußt war, so lange ausgehalten haben. Sie hatten sich immer wieder gefragt, ob wir das nächste Mal wiederkommen würden, und Angst gehabt, daß wir die Supervision nicht verlängern würden.

Als ich noch einmal sagte, daß ich zu Beginn der Beratung lange Zeit das Gefühl gehabt hätte, nicht in die Gruppe reingelassen zu werden und die Regeln diktiert zu bekommen, erzählten sie, daß sie sich auch gewundert hätten, daß wir das mit uns haben machen lassen. Dadurch hätten sie aber gelernt, sich mehr auf ihre Jugendlichen einzulassen, ohne ihre politischen und emanzipatorischen Vorstellungen den Klienten zu oktroyieren. Dabei stellte sich heraus, daß wir während der ersten Supervisionsphase in ihrem Warteraum getagt hatten. Das schien mir die Situation gut zu charakterisieren, denn wie in einem Warteraum hatte ich mich auch lange Zeit gefühlt.

2. Versuch einer Interpretation

Eine deutliche Interdependenz zwischen den Ängsten des Teams und denen der Supervisoren hat die Dynamik dieses Reflexionsprozesses ganz offensichtlich durchzogen. Die Abwehrmechanismen waren in den ersten beiden Beratungsphasen – auf beiden Seiten – so ausgeprägt, daß die Ängste nicht überwunden werden konnten: Das Team reagierte mit demonstrativer Gleichgültigkeit, Aggressionen und Verletzungen gegenüber den Supervisoren; wir bemühten uns unsererseits um eine souveräne Haltung dem Team gegenüber.

Erst in der letzten Phase konnte ich meine Aggressionen deutlich zeigen, indem ich die Sitzung abrupt-pünktlich verlassen habe, ein anderes Mal durch das Basteln und Fliegenlassen eines Papierflugzeuges. Hinter diesen – eher hilflosen – Aggressionsäußerungen stand deutlich die Angst vor Nicht-Anerkennung durch die Supervisanden.

Wie können wir diese massive Angstäußerung verstehen? Hilfreich scheint mir hier *Max Pagès* zu sein.[17] Dieser französische Sozioanalytiker hat aufgrund seiner umfassenden Beobachtungen in Gruppen – sowohl Selbsterfahrungsgruppen als auch sozialen Organisationen – die These aufgestellt, daß es eine wesentliche Funktion jeder Form von Gruppenbildung sei, die Ängste ihrer Mitglieder abzuwehren. Diese abgewehrten Ängste haben ihre Wurzeln in einer tiefen Trennungs- und Einsamkeitsangst der Menschen. Bedeutsam für unser Anliegen ist nun die Annahme von *Pagès*, daß direkte und unmittelbare Beziehungen unter den Gruppenmitgliedern behindert sind, weil das gleichzeitige Verlangen nach direkten Beziehungen und Gemeinschaft angstbesetzt ist.

So pendelt jede Gruppe zwischen dem Konflikt, ihre Ängste auszudrücken und der Notwendigkeit, die Ängste so weit zu verleugnen, daß sie für alle Mitglieder annehmbar sind. In diesem Prozeß sind sie unbewußt solidarisch und entwickeln entsprechende gemeinsame Abwehrhaltungen. So drückt sich in der Struktur von Gruppen und Organisationen gleichzeitig das Maß der Angstabwehr aus.

Wir können annehmen, daß in unserer Supervisionsgruppe die Sozialpädagogin Helga die Angst am stärksten ausdrückte: körperlich durch ihre Sitzhaltung, die Beine gegen den Tisch gestemmt, und inhaltlich, indem sie ihre Bedenken gegen die aufdeckende Supervisionsmethode anführte.[18] Das gesamte Team zeigte trotz innerer Zerrissenheit seine gemeinsame Handlungsfähigkeit dadurch, daß alle in der Diskussion über die organisatorischen Belange das aktuell-wichtige Anliegen sahen.

Dieser Prozeß, die aktuelle Thematik, d. h. die Tiefe der Angstdynamik, auszuhandeln, ist nach *Pagès* typisch für jede Gruppe. Dieser Abwehrprozeß vollzieht sich weitgehend automatisch, weil unbewußt. Abgewehrt wird in erster Linie Trennungsangst, die er als existentiell ansieht, und die dadurch zum Motor der Gruppendynamik wird.

Die Ursache der »tiefen Angst vor Trennung und Einsamkeit« erklärt *Pagès* mit *Karen Horney*s Annahme einer »Grundangst«, die durch das Gefühl der Einsamkeit und des Verlassenseins in einer feindlichen Welt gekennzeichnet ist, und mit *Fromm*, der »im Bedürfnis, der Einsamkeit zu entgehen«, ein menschliches Grundbedürfnis sieht. (Diese Thesen werden im 2. Kapitel vertiefend diskutiert u. kritisiert.)

Das Leiterspiel

Die ungelöste – oder wie es scheinen will: unlösbare – Leiterfrage hat sich als zentrale Thematik in vielen Variationen und Ausformungen durch die dargestellte Team-Supervision gezogen.

In der Anfangsphase durfte das überhaupt nicht gesehen werden, da es niemandem erlaubt war zu leiten. Weil jede Form von Leitung mit Hierarchie und Entfremdung assoziiert wurde, konnte das Thema nicht offen diskutiert werden. Wir Supervisoren spürten dies in unserer Position daran, daß in dieser Phase unsere Interventionen alle zunichte gemacht wurden, so daß wir das Gefühl hatten, immer »daneben zu liegen«. Gleichfalls schwang aber die unausgesprochene Botschaft an uns im Raum, daß wir eine Position zeigen sollten, die Stabilität, Zuverlässigkeit und Vertrauen ausstrahlt.

Unbewußt schien sich hier von Anfang an ein Widerspruch abzuzeichnen: Unsere Interventionen, die ja in gewissem Sinne auch als Leitung verstanden werden können, indem sie strukturieren und dadurch eine Hierarchie ausdrücken, mußten ignorierend zunichte gemacht werden; gleichzeitig wurde unsere Widerstandsfähigkeit getestet.

Auf der verbalen Ebene wurde auch das doppelbödige Leiterproblem im Team benannt, nämlich offiziell einen Leiter haben zu müssen, aber gleichzeitig zu akzeptieren, daß dieser Kollege ein Gleichgestellter ist. Als aktueller Konflikt wurde dies anfangs nicht gesehen.

Die Leiterfrage wurde in dem Moment virulent, als das Team sich die Kränkung eingestehen konnte, eigentlich ohne Leiter kollektiv und gleichberechtigt arbeiten zu wollen, aber in der Rolle der Supervisoren sich sozusagen *Leiter auf Zeit* ins Team geholt zu haben, weil sie das eigene Chaos nicht mehr recht in den Griff bekamen.

Das Phänomen der *Leiterfrage* scheint mir wesentlich auch unter dem Aspekt der Angstbewältigung in Arbeitsteams und sozialen Organisationen zu sein. In unserem Falle haben wir es mit einem Team zu tun, daß sich nicht durch eine formelle Hierarchie mit festgelegten Positionen auszeichnet. Gerade in dieser Team- und Arbeitskonstellation nimmt die Angstthematik nach meinen Erfahrungen einen besonders breiten Raum ein.

Ich halte dies inzwischen für keinen Zufall mehr, denn je weniger starr und festgelegt die Gruppenstruktur ist, je stärker ist das Maß ungebundener Angst, die sich sonst in Hierarchien und festen Strukturen manifestiert. Dadurch bleibt die Angst in traditionellen Institutionen in besonders hohem Maße latent, ihre Mitglieder teilweise in aggressiver Haltung von ihren Vorgesetzten abhängig und dynamische Veränderungen der Einrichtung unter Beteiligung aller Mitglieder ausgeschlossen.[19]

Einhergehend mit Hierarchiestrukturen in sozialen Organisationen bilden sich Machtstrukturen aus. In diesen Machtstrukturen manifestiert sich die Angst der Gruppe. Nach *Pagès* bezieht die Macht ihre Quellen aus der Situation der Ungewißheit. In Institutionen ist deshalb jede Subgruppe bestrebt, Ungewißheit bei den anderen Gruppen zu verbreiten, um so die eigene Machtposition zu stärken. Der Umgang mit Informationen ist vermutlich deshalb in jeder Institution von zentraler Bedeutung. In dem Maße, wie eine Gruppe die andere im Unklaren lassen kann über wesentliche Daten der Organisation, kann sie Ängste mobilisieren und die Gruppe so von sich abhängig machen.

Doch geht *Pagès* davon aus, daß neben diesen objektiven Bedingungen hierarchische Institutionen eine ganz besondere Funktion in der kollektiven Abwehr gegen Angst und Einsamkeit für ihre Beschäftigten erfüllen. Diese – meist unbewußte – kollektive Abwehr der Trennungsangst zeigt sich in Institutionen häufig in der Funktion der vorfindbaren Autoritätsbeziehung, die in der Regel noch nicht einmal funktional begründbar ist.

Diese Autoritätsbeziehung in Organisationen bezeichnet *Pagès* (1974, 272) als »privilegierte Beziehung«, d. h. sie ist kein primäres, natürliches, gottgegebenes Oben-Unten, sondern ein sekundäres Phänomen. Zum sekundären Phänomen werden sie durch einen kollektiven komplizierten Abwehrprozeß gegen das, was er »authentische Beziehung« nennt. (Die sogenannten »authentischen Beziehungen« sind die primären und zeichnen sich durch Sorge und Fürsorge für den anderen aus, sind aber gleichzeitig eng verknüpft mit starken Angstgefühlen aus Furcht vor Trennungen.)

Die vorfindbare institutionalisierte Autoritätsstruktur in Organisationen ist somit der sichtbarste Ausdruck entfremdeter Verknüpfung ihrer Mitglieder mit einer hierarchischen Organisationsstruktur. Diese Struktur bietet den Mitgliedern Gestalten an, »in denen sie sich entfremden, mit denen sie sich identifizieren und die folglich als gemeinschaftliches Objekt kollektiv empfundener Gefühle der Feindseligkeit und der possessiven Liebe dienen können« (*Pagès* 1974, 250f.).

In diesem Sinne tragen nun auf tragische Weise – unbewußt – alle Angehörigen einer Organisation zur Erhaltung der Struktur bei, ganz gleichgültig welche Position sie innerhalb der Organisation einnehmen. »Die Gefühle, welche die Träger der verschiedenen Rollen füreinander empfinden, folgen einem komplexen Zusammenspiel komplementärer Beziehungen, das die Kohäsion des Ganzen gewährleistet« (*Pagès* 1974, 252).

Erklären läßt sich die Aufrechterhaltung dieser Oben-Unten-Beziehung nur durch die Annahme einer tieferen konflikthaften Ebene, die durch das Verlangen nach einer auf echten »authentischen« Beziehungen aufgebauten Gesellschaft geprägt ist und der gleichzeitigen Angst, diese zu leben.

So finden wir auf diesem angenommenen tiefen Gefühlsniveau immer ein Solidaritätsgefühl vor. Die entstellte und verschleierte Solidarität zeigt sich beispielsweise darin, daß sich eine kollektive Gefühlsorganisation herausbildet, die die gemeinsame Gruppen-Angstabwehr realisiert.

In unserem Team zeigte sich die Angstabwehr zwar schon früh. Doch schien es zu Anfang noch die Angst und die Skepsis einzelner Mitarbeiter zu sein, die die Reflexion über die Arbeit lange Zeit so eingeschränkt hat. Als in der 24. Sitzung die Gruppenmythen herausgearbeitet werden konnten, war nicht mehr zu übersehen, wie stark die Gruppenregeln, die wir als »Parteiprogramm« titulierten, gemeinsame Regeln aller Beteiligten waren.

Dies bringt uns wieder unserer Angstdiskussion näher. Wir können aufgrund unserer Beobachtungen annehmen, daß leiterlos arbeitende Kollektive bevorzugt zu Mythen greifen, wenn das zu bearbeitende Angstniveau der Gruppe zu groß wird. *So gesehen übernehmen Mythen in kollektiven Institutionen dieselbe Funktion wie die Hierarchie in traditionellen Organisationen.* Im selben Zusammenhang spricht *Künzler* (1967) von Tabu. Er sieht im »Tabu eine Angstbarriere zum Schutze der Gemeinschaft«, die sich in allen menschlichen Kulturen wiederfinden läßt. Die Ausprägung der je spezifischen Gruppentabus bildet sich auf der Grundlage der entsprechenden Norm der Sozietät aus. In jedem Falle dienen sie dazu, den Gruppenzusammenhalt zu sichern und zu große, abweichende Äußerungen von der Gruppennorm auszuschließen oder zu sanktionieren. Mythenbildung und Hierarchie stellen somit zwei bevorzugte Systeme zur Angstbewältigung in sozialen Organisationen dar. Diese Gleichsetzung bedeutet natürlich keinesfalls eine Gleichsetzung hinsichtlich der Qualität beider Abwehrsysteme. Während das traditionell-hierarchische System sich auf eine lange Tradition und entsprechende ideologische Interpretationen stützen kann, ist die kollektiv-nichthierarchische Organisation viel stärkeren Erschütterungen ausgesetzt. Ähnlich einem Neurotiker, der einen Großteil seiner Energie und Lebenstätigkeit für ständige Verdrängungsarbeit investieren muß, bedarf es auch seitens des Kollektivs enormer Anstrengungen, die Mythenbildung lebendig zu halten, da ihr System als solches viel zu labil ist, als daß man sich auf feste Strukturen und Gewohnheiten berufen könnte.[20]

Nun finden wir natürlich in allen Gruppen Mythen vor – schließlich sind sie auch Träger des kulturellen Unbewußten, wie noch zu zeigen sein wird. In den Kollektivgruppen kommt ihnen aber eine spezielle Orientierungs- und Strukturierungsfunktion zu, die oftmals entwicklungseinschränkende Wirkung zeigt. Die beschriebene Arbeitsgruppe hat beispielsweise selbst jahrelang versucht, ihre inneren Spannungen und die mit der Konfliktaustragung verbundenen Ängste dadurch in den Griff zu bekommen, daß die Finanzierungsstelle als Übel aller Probleme angesehen wurde. Ihr Mythos könnte lauten: »Wenn die Finanzierungsstelle nicht wäre und unsere Arbeit nicht durch Anordnungen eingeschränkt würde, hätten wir hier kein Chaos und würden uns persönlich viel besser verstehen.«

Unter *Leiterspiel* schließlich verstehe ich folgendes: Das kollektive Arbeitsteam sucht sich – oft unbewußt – zu dem Zeitpunkt einen außenstehenden Berater/Supervisor, wenn die eigene Struktur besonders labil ist und auseinanderzufallen droht. Die Beteiligten sind sich darüber im klaren, »daß es so nicht weitergehen kann«!

Diese eher vernünftige Einsicht ist aber durchaus von Ambivalenzen begleitet. Schließlich hat die Mythenbildung ihren Sinn, nämlich ein Übermaß an Ängsten zu binden. In einem Reflexionsprozeß könnten diese mühsam unter Kontrolle gehaltenen Ängste wieder virulent werden. Dies spürt jeder – mehr oder weniger bewußt – im Team. Der Widerstand gegen die angstmachende Reflexion richtet sich dann zuerst gegen den Supervisor. Das Team versucht, ihm die Leiterrolle anzubieten. Er soll das Chaos beenden, indem er neue Strukturen setzt. Steigt er auf diese unbewußte Botschaft ein, wird ihm das Team zu beweisen versuchen, daß er es auch nicht schafft – und zwar mit allen ihm zur Verfügung stehenden Mitteln. Das Team wird ihm hartnäckig zeigen, daß er die Ablehnungen und Aggressionen nicht aushält und auch die angestrebten Veränderungen nicht durchsetzen kann.

So wird jeder Berater gerade zu Beginn einer solchen Supervision sich immer wieder genau fragen müssen, welche Rolle er im Team einnehmen will und welche Rolle ihm unbewußt angeboten wird, wobei dieses unbewußte Angebot durchaus eigene unbewußte Strebungen unterstützen kann. Will der Supervisor als Leiter tätig werden, der Veränderungsstrategien einleitet oder als Supervisor, der behutsam die Ängste im Team soweit zu reduzieren versucht, daß die festgefahrene Angststruktur zum Gegenstand der Reflexion werden kann?

Soviel scheint klar zu sein: Sowohl der Leiter in einer hierarchischen Organisation wie auch der Supervisor in einem Kollektivbetrieb haben in irgendeiner Weise dafür zu sorgen, daß tiefe Ängste gebunden werden.

Als mir diese Dynamik noch nicht so deutlich war, habe ich genau in dieser Richtung einen Fehler begangen, der auch zum Abbruch der Beratung führte. Es handelte sich um ein Team von fünf Sozialwissenschaftlern, die in einer sozial-benachteiligten Siedlung versuchten, einen Gemeinwesenansatz zu etablieren.

Finanziert wurden sie durch Halbjahresverträge auf Honorarbasis, die zwar in der Regel verlängert wurden, aber zudem sehr schlecht dotiert waren. Die Finanzierung lief über eine staatliche Stelle, in der sich eine Sachbearbeiterin sehr engagiert für dieses Projekt einsetzte und bei ihren Vorgesetzten für den Erhalt dieses Projektes warb. Diese Sozialarbeiterin hatte zu den fünf jungen Sozialwissenschaftlern eine sehr gute, eher kameradschaftliche Beziehung.

Sie stellte auch den Antrag auf Supervision für das Team. Im Erstgespräch wurde deutlich, daß die fünf Mitarbeiter in erster Linie über ihre Zusammenarbeit sprechen wollten, um ihre Teamarbeit zu verbessern. Ich ging davon aus, daß es hierbei auch um sehr persönliche Dinge gehen könnte, die einen Vertrauensrahmen voraussetzen und schlug deshalb folgendes Modell für die Beratung vor: Supervision im Team der fünf Honorarkräfte und regelmäßige Projektberatung mit der Sachbearbeiterin zusammen, wo es um Belange gehen sollte, die alle gleichermaßen betrafen.

Mit etwas Unverständnis für mein kompliziertes Setting willigten die Beteiligten ein. Die Supervision mit den fünf Mitarbeitern gestaltete sich außerordentlich schwierig. Man warf mir wiederholt vor, ich würde mich nicht persönlich genug einbringen und etwas von mir zeigen. Meine Frage, inwieweit ihre Teamkonflikte bzw. ihre unzureichende Kooperation sich auf die konkrete Arbeit auswirken würde, fanden sie absurd. Sie wollten hier in der Supervision sich selbst erfahren, denn trotz aller Konflikte würde die Arbeit immer zur Zufriedenheit aller klappen.

Die Angriffe gegen mich wurden immer stärker und nahmen solche Intensität an, daß ich für mich nur noch interpretieren konnte, hier Projektionsscheibe zahlreicher Übertragungen geworden zu sein. Ich fühlte mich immer weniger anerkannt und zum Schluß gar nicht mehr.

Heute glaube ich, daß ich das Angstniveau des Teams durch die Herausnahme der Sachbearbeiterin so enorm gesteigert habe, daß jede Reflexion über die Arbeit zu gefährlich wurde. Die Sachbearbeiterin hatte ein eher mütterliches Verhältnis zu dem Team und verbürgte in ihrer ruhigen, ausgeglichenen Art den Fortbestand des Projekts. Dieses war sowohl politisch als auch finanziell immer wieder gefährdet. Das Team selbst hatte grandiose Vorhaben in bezug auf ihr Gemeinwesen konzipiert. Obwohl die Mitarbeiter aufgrund der unzureichenden Honorargestaltung noch in anderen Bereichen tätig sein mußten, wollten sie einen ganzen Katalog von Vorstellungen in der Siedlung verwirklichen. Von der Jugendarbeit über Freizeitgruppen für Kinder und Erwachsene bis hin zu familientherapeutischen Maßnahmen reichten ihre Vorstellungen. Mir fiel dazu einmal das Bild von einem Schloß ein, das auf sehr moorigem Morast steht und jederzeit vom Absinken bedroht ist. Dadurch, daß die Sicherheit verbürgende Sachbearbeiterin nicht mehr präsent war, so vermute ich heute, haben sich die Angstbilder im Team so weit in den Vordergrund geschoben, daß sie keiner Reflexion mehr zugänglich waren. Die Reflexion der Arbeit war so bedrohlich geworden, weil man sich dann mit dem zu großen Schloß auf unsicherem Boden hätte beschäftigen müssen, so daß man lieber in gruppendynamische Selbsterfahrung auswich.

Ich glaube, daß dies ein Beispiel ist, wo ich als Berater die Angstschraube unwissentlich geöffnet habe. Besser wäre es in diesem Falle vielleicht gewesen, das ganze Projekt zu supervidieren und sich so langsam an die Angstgrenzen heranzutasten, um sie bearbeitbar zu machen.

Die Angstbewältigungsformen sind sicherlich beim Supervisor und bei der Gruppe sehr unterschiedlich und zudem von Gruppe zu Gruppe höchst verschieden. Der Supervisor wird seine Ängste vornehmlich über sein spezifisches »Arbeitswerkzeug« versuchen, unter Kontrolle zu bringen. Unter diesem Aspekt der Angstabwehr stellt jedes Setting bzw. Arbeitsarrangement einen Schutz für den Leiter dar, der es ihm erlaubt, trotz eigener Ängste noch optimal zu arbeiten. So frage ich mich jetzt, ob unser strukturiertes Vorgehen in der 3. Phase nicht ein solcher Versuch der Angstbewältigung auf seiten von uns Supervisoren war. Wenn *Bauriedl* (1980) einen Zusammenhang zwischen stark strukturierten therapeutischen Methoden und der Angstabwehr des Leiters sieht, würde ich dem jetzt verstärkt beipflichten. Allerdings bin ich mir im unklaren, wo die Grenze liegt, denn selbstverständlich braucht jede tiefergehende Reflexion einen schützenden, verläßlichen Rahmen, damit die aufkommende Angst nicht verleugnet und abgewehrt werden muß.

Angstbearbeitung in der Supervision

Wenn wir uns den Supervisionsprozeß noch einmal vor Augen führen, ist nicht zu übersehen, wie stark die Dynamik über die gesamten zwei Jahre durch Verletzungen und Kränkungen charakterisiert ist. Zuerst haben wir Supervisoren dies an uns gespürt, später zeigte es sich sehr deutlich in den Sitzungen. Die zugefügten Kränkungen und Ablehnungsäußerungen unter den Mitarbeitern gingen so tief, daß eine langjährige Mitarbeiterin durch Ausscheiden aus dem Team sich davor schützen mußte. Eine andere Kollegin zog es vor, die Beratung vorzeitig zu verlassen.

Wir Supervisoren waren uns lange nicht im klaren darüber, wie diese Verletzungsdynamik zu verstehen ist. Meine Kollegin hatte von Anfang an den Eindruck, daß ihr Bemühen, die von ihr gespürten »starken Gefühle« im Team zu thematisieren, weder von mir noch von den Supervisanden verstanden wurde. Später nahmen wir eine Verbindung von unterdrückter Trauer und Kränkungserleben als Grundlage des dynamischen Geschehens im Team an. Jeder Mitarbeiter schien sich alleingelassen und unverstanden zu fühlen. Nur im Aufrechterhalten des Gruppenmythos war ihre Gemeinschaft und Solidarität noch spürbar.

Unsere Hypothese hinsichtlich der unterdrückten Trauer, die sich als

Verletzung und Kränkung manifestiert hat, war zwar richtig, sie bleibt aber unbefriedigend, weil die tieferen Gründe für die Trauer zu sehr im dunkeln verborgen bleiben. Wir müssen in dieser Richtung ein Verständnis für die Wurzeln der Trauer zu finden versuchen, da nach meinen Beobachtungen besonders in kollektiven Arbeitszusammenhängen eine ausgeprägte Kränkungsdynamik das Miteinander bestimmt. Dies zeigt sich in abrupten Trennungen langjähriger Kollegen, in Mißtrauen und Verletzungen genauso wie in gestörter Kooperation und offener oder versteckter massiver Aggression.

Als erste Interpretationsfolie scheint mir hier *Pagès* hilfreich. Er hat in seiner Arbeit mit Gruppen ebenfalls solch ausgeprägte Äußerungen von Haß und Feindseligkeit erlebt.[21] Seinen theoretischen Annahmen zufolge interpretiert er Haß und Feindseligkeit als Abwehr gegen »authentische Beziehungen«. Auf dieser weniger tiefen Gefühlsebene von Haß und »possessiver Liebe«, wie er es nennt, äußert sich immer ein verborgenes Solidaritätsgefühl. Obwohl dies den einzelnen Mitgliedern in ihrer Zerstrittenheit meist gar nicht bewußt ist, zeigt sich die verborgene Solidarität meiner Meinung nach darin, daß die Gruppe als Ganzes unbewußt das vorherrschende Gefühl aller artikuliert. Ich sehe in der Mythenbildung einen solch unbewußten solidarischen Abwehrprozeß.

Auf der angenommenen tieferen Ebene vermutet *Pagès* (1974, 151 f.) ein primäres Gefühl der Liebe, die er als »authentische Liebe« bezeichnet. »Sie ist wesentlich ein Mitfühlen mit dem menschlichen Getrenntsein; Wissen um den Trennungsschmerz und Teilnahme daran; aktives Verlangen, die Angst ertragen zu helfen.« Diese primäre Liebe ist also gekennzeichnet durch eine Dialektik der Verbundenheit mit dem anderen und dem gleichzeitigen Wissen um das Getrenntsein.

Die Angst vor dem Getrenntsein bzw. vor Trennungen wird bevorzugt dadurch abgewehrt, daß die Menschen nach Liebe in völliger Verbundenheit streben. Diese Form der Liebe nennt *Pagès* (1974, 205) »possessive Liebe«. Diese possessive Liebe wird verfolgt von der Trennungsangst, die stets gegenwärtig, stets aufs heftigste abgewehrt und verneint wird. Ihr unterdrückter Teil äußert sich in Form von Haß und Feindseligkeit. Somit sind possessive Liebe und Haß zwei Seiten einer Medaille. Beide wehren die Angst vor dem Getrenntsein ab.

Durch den Haß ist die Trennung leichter zu ertragen, als die Trennung von denen, die man liebt. *Pagès* (1974, 194) schreibt dazu: »Die Feindseligkeit beseitigt die Angst durch Ausschaltung der Liebe, denn der Haß der anderen bzw. der eigene Haß gegen die anderen sind – so belastend sie auch sein mögen – in gewisser Hinsicht das geringere

Übel. Die schmerzlichste Erfahrung ist es, sich von denen, die man liebt, getrennt zu wissen.«

Somit drücken sich in »possessiver Liebe« genauso wie in Haß und Feindseligkeit entfremdete Beziehungsformen aus. Beide wehren die Angst vor dem Getrenntsein bzw. den Wunsch nach Verbundenheit in je spezifischer Weise ab. Als weitere Form entfremdeter Beziehung bezeichnet *Pagès* die »privilegierte Beziehung«. Sie manifestiert sich exemplarisch in Autoritätsbeziehungen oder auch in der Übertragungsbeziehung zum Supervisor oder Gruppenleiter. Auch die »privilegierte Beziehung« hat ihren Ursprung in der Ablehnung der »authentischen«, allumfassenden Liebe und der Trennungsangst.

Wenn wir uns die Supervisionsgeschichte unseres Teams nochmals anschauen, können wir die widerstrebenden Tendenzen zwischen »possessiver Liebe« auf der einen Seite und Haß und Feindseligkeit auf der anderen Seite durchaus rekonstruieren.

Anzeichen für die »possessive Liebe« könnte der von den Mitarbeitern des Teams betonte lockere Gruppenstil sein. In der ritualisierten Gruppensprache, die sich später als Mythos entkleidete, zeigt sich genauso der Versuch einer starken Verbundenheit wie in der saloppen Hauskleidung einer Mitarbeiterin, die in Strumpfhose und Hausschuhen ihre Arbeit versah. Dieser Gruppenkult, der fast familienähnliche Züge annahm, war beseelt von der Hoffnung und dem Wunsch, zu einer harmonischen Solidargemeinschaft zu verschmelzen.

Die abgewehrten Ängste, die zu diesen Entfremdungserscheinungen führen, zeigen sich im Team in einer scheinbar paradoxen Situation: Einerseits suchen und pflegen die Mitglieder das Gefühl der Gemeinsamkeit, andererseits können sie sich in ihrer gegenseitigen Individualität nicht sehen; aggressive Spannungen, Vorwürfe, ständige Mißverständnisse über das Gesagte der Kollegen zeigen so starke Verzerrungen im Team, daß kein Gespräch unter den Kollegen möglich ist.

Halten wir noch einmal fest: Haß und Feindseligkeit sind Ausdruck abgewehrter Ängste vor umfassender »authentischer Liebe«. Sie erscheinen als Ablehnung oder Indifferenz zu jemandem. Diese Indifferenz ist aber immer noch eine solidarische und als solche immer sekundär, da sie auf eine ursprüngliche Sensibilität aus Sorge und Fürsorge für den anderen hinweist. Die Kehrseite von Haß und Feindseligkeit ist die »possessive Liebe«, die nach einer konfliktfreien, vielleicht könnte man sagen regressiv-symbiotischen Verbindung strebt. »Je mehr Angst und authentische Liebe verleugnet werden, desto unangefochtener behaupten sich Feindseligkeit und possessive Liebe«, wie es *Pagès* (1974, 195) zusammenfaßt.

Was heißt das nun für unsere Supervisionstätigkeit? Naheliegenderweise wird dem Supervisor in solchen Konfliktdynamiken die Position des Schlichters oder parteiischen Richters angeboten. Hier liegt eine gefährliche Klippe für den Beratungsprozeß. Fällt der Supervisor nämlich auf die Uneinigkeit im Team herein und versucht die offensichtlichen Konflikte zu schlichten, macht er sich selbst zum Mitspieler des unbewußten Gruppenprozesses und wird ebenso Gefangener der unbewußten Verstrickungen und Verzerrungen im Team. Hält er die Spannung und die ihm entgegengebrachten Feindseligkeiten und Vorbehalte nicht aus, unterstützt er unbewußt eine Seite des abgewehrten Konflikts. Entweder übernimmt er unbewußt die Seite der abgewehrten Trennung (possessive Liebe) oder die Seite der abgewehrten Bindung (Haß und Feindseligkeit). Dadurch kann er beide Seiten nicht mehr als einen komplexen, dialektischen Prozeß sehen und bearbeiten helfen. Die Übernahme einer solche parteilichen Position geschieht klassischerweise in der vom Team angebotenen Rolle eines Leiters. Wir hatten schon herausgearbeitet, daß die bewußte oder unbewußte Übernahme einer Leiterposition für den Supervisor vermutlich mit einem Fiasko enden wird.

Sobald er – in bester humaner Absicht – versucht, Auseinandersetzungen zu schlichten, wird er zum parteilichen Richter und die solidarische Konfrontation des Gesamtteams wird ihm über kurz oder lang sicher sein. Weiter bringt der Supervisor das Team, wenn er selbst soweit konflikt- und belastungsfähig ist, daß er die angstbesetzte Spannung in der Gruppe aushält, ohne konkret helfen zu müssen. In dem dargestellten Beispiel kam uns Supervisoren sicherlich zugute, daß wir in der Einschätzung des sich entfaltenden Konflikts unterschiedliche Positionen vertraten, so daß wir gar nicht zielstrebig handlungsfähig waren; handlungsfähig zumindest nicht in dem Sinne, daß wir uns als kompetente Leiter präsentieren konnten.

Wir konnten uns zuerst auf die manifesten Konflikte einlassen, ohne dadurch im Team zusätzlich Angst zu mobilisieren. Wir hatten dabei das Gefühl, keine Schwäche zeigen zu dürfen und kompetent wirken zu müssen. Auf der kognitiven Ebene hätte das Team zu dem Zeitpunkt dieses Gefühl von uns sicherlich nicht verstehen können. Gerade durch diesen unbewußten Test hinsichtlich unserer Reaktionen auf ihre Aggressionen und Anfeindungen wurde unsere Standfestigkeit und Nichtparteilichkeit erprobt. So paradox die Situation sich darstellt, es sieht so aus, daß nur ein halbwegs kompetent und sicher wirkender Supervisionsleiter in der Lage sein wird, die Anfeindungen auszuhalten. Zeigt er zu deutlich, daß er sich dem nicht gewachsen fühlt oder reagiert gar gekränkt, kann das Team seine Ambivalenzen nicht auf ihn übertragen; denn wenn er ihre Angriffe nicht aushält, bereitet es den Gruppenmitgliedern Schuldgefühle. So müssen sie weiterhin ihre abgewehrten Gefühle unter Kontrolle halten, ohne daß sie einer Bearbeitung und Bewußtwerdung zugänglich werden. Zu diesem Prozeß der *Supervisoren-Testung* empfinden die zerstrittenen Teammitglieder ein neues Gefühl der Gemeinsamkeit – freilich größtenteils unbewußt und ungeplant. In der Projektion ihrer Ängste auf den Berater entlasten sie sich soweit, daß sie sich ihren eigenen verborgenen Ängsten wieder ein Stückweit annähern können.

Die Angstannäherung vollzieht sich also im Prozeß der projektiven Angstabwehr auf den Berater. Dieser muß, so gut er kann, die damit verbundenen Spannungen und Anfeindungen annehmen, indem er nicht sofort durch Handlungen seinerseits den schwierigen Zustand überwinden will. Als Supervisionsleiter wird er behilflich, ohne konkrete Hilfen oder Lösungen anzubieten. Vielmehr versucht er, durch Interpretationen konkreter Situationen die gemeinsamen psychischen Konflikte der Beteiligten herauszuarbeiten, um das Bewußtwerden der unbewußten Gemeinsamkeiten zu fördern.

Als Supervisor hilft dabei die gruppenanalytische Sichtweise, nach der die Äußerung eines Mitgliedes oder einer Subgruppe immer Ausdruck eines gemeinsamen unbewußten Gruppenkonflikts ist. (Dazu mehr im 3. Kapitel unter der Überschrift »Unbewußtes Gruppenthema als Fokus«.) Das klingt erst mal alles leichter als es ist, dennoch scheint mir dieses methodische Vorgehen die einzige Möglichkeit zu sein, dem jeweiligen Team oder der Gruppe einen Weg zu eröffnen, ihre durch Angstabwehr eingeschränkte Kommunikationstiefe wiederzuerlangen.

Nicht eine voreilige Strategiebildung, die die latenten Konflikte zudecken würde, ist das Ziel, sondern die Durcharbeitung der angstmachenden Abwehr. Denn voreilige Strategiebildung hat fast immer einen repressiven Charakter, weil sie die alte Abwehr durch eine neue, oder besser: andere Abwehrstrategie ersetzt. Dieses Prinzip nennt *Bauriedl* (1986) das manipulative und grenzt es gegen das emanzipatorische ab; emanzipatorisch, da es die in jeder sozialen Gemeinschaft vorhandene tendenzielle Unbewußtheit schrittweise auflöst und für kreative Gestaltungsprozesse freisetzt. »Wenn die Angst vor dem Auftauchen bisher unbewußter Wünsche und Gefühle zu groß wird, tritt das manipulative Prinzip in den Vordergrund«, schreibt *Bauriedl*. »Dann wird im Individuum und in der jeweiligen Gemeinschaft alles unterdrückt, was die bestehende Normenstruktur gefährden könnte. Wünsche nach Veränderung können dann nicht mehr als Wünsche geäußert werden, mit dem Risiko der Erfüllung oder Nichterfüllung. Ihre Befriedigung muß manipulativ herbeigeführt werden und das heißt, daß bewußte und unbewußte Erpressungsversuche zur Erreichung der gewünschten Befriedigung eingesetzt werden« (*Bauriedl* 1986, 6).

Schon *Freud* (1933) hat auf die Gefahr der »Wiederkehr des Verdrängten« hingewiesen, wenn die dem Symptom zugrunde liegenden Konflikte nicht aufgearbeitet, d. h. bewußtgemacht werden. In unserem Falle dauerte es über ein Jahr, bis das Team selbst mit unserer Unterstützung seine eigene Mythenbildung entschleiern und sich die abgewehrten Ängste und Wünsche eingestehen konnte. Und daß es sich um tiefliegende Ängste handelte, zeigt meines Erachtens sehr deutlich, was Monika nach Ablauf der 2. Phase in der Auswertung schrieb: »Wir haben einen Punkt erreicht, an dem wir jetzt stehen, der macht mir Angst. Angst, weil ich glaube, daß Kollegen nur noch Genugtuung wollen oder so etwas. Früher hatten wir Tabus, die haben wir jetzt nicht mehr. Ich möchte wieder neue Tabus, z. B. daß es nicht mehr so tiefschürfend wird. Ich hab' Angst, daß es kocht und kocht und man weiß nicht wieweit. Ich finde Supervision gut, aber in einem anderen Rahmen, um nicht in die dunklen Gefilde der Seele zu kommen.«

Ein Ziel der Reflexionsbemühungen im Arbeitsteam sehe ich darin, die durch Angstabwehr verzerrte Kommunikation zu entzerren. Oder positiv mit *Pagès* ausgedrückt, der »authentischen Beziehung« ein Stück näherzukommen. Charakteristisch für die authentische Beziehung ist das Ertragen der Spannung zwischen dem Wunsch nach Bindung und der Angst vor Trennung.

Die letzte Phase unserer Team-Supervision stand meines Erachtens im Zeichen des Versuchs neue »authentische Beziehungen« aufzubauen. In dem Maße, wie sich die Mitarbeiter ihre gegenseitigen Verletzungen und Kränkungen aus der Vergangenheit sagen und eingestehen konnten, brauchten sie nicht mehr durch feindselige Aggressionen ihre Trauer zu unterdrücken und konnten sich so ein Stück aus ihrer symbiotischen Verklammerung lösen. Deutlich zu spüren war, wie die Kollegen sich wieder besser zuhören konnten; freilich gab es dabei immer wieder durch Enttäuschungen gekennzeichnete Rückschläge. Die Übertragungsdynamik zu uns Supervisionsleitern veränderte sich merklich, so daß wir zum Abschluß der Supervision auch über unsere Schwierigkeiten und Probleme in der Beratung sprechen konnten.

Wenn ich als Ziel der Supervision im Sinne *Pagès'* die »authentische« Beziehung als Ausdruck des Bewußtseins über die Dialektik von Bindung und Trennungsangst genannt habe, dann weil ich hierin einen

Erfolg dieser Supervision sehe. Wenn die Sozialpädagogen selbst die ambivalente Spannung aushalten können, können sie diese auch bei ihren jugendlichen Klienten erleben und zulassen. Besonders die Klienten, die von zu Hause geflüchtet sind, leben in der – mehr oder weniger bewußten – Ambivalenz zwischen eigenem Autonomiebestreben, häufig verbunden mit Wut auf die Eltern, und dem gleichzeitigen Wunsch, von den Eltern verstanden und angenommen zu werden.

Wenn die Helfer sich aufgrund eigener Ambivalenzängste in die Spaltungsprozesse ihrer Klienten hineinziehen lassen, werden sie schnell geneigt sein, eine Seite des Ambivalenzkonfliktes zu unterstützen: entweder die Seite der Autonomie oder der Elternbindung. Beides wird den Jugendlichen jedoch nicht gerecht, sie werden sich vermutlich – wie schon vom elterlichen Zuhause – enttäuscht und unverstanden zurückziehen und erneut »flüchten« – oder aus Zuneigung den Beratern gegenüber versuchen, die erteilten Ratschläge, so lange wie möglich, zu befolgen.

In der Abschlußsitzung dieser Team-Supervision zeigt sich dies noch mal praktisch: Die Sozialpädagogen äußern, daß sie jetzt viel eher und besser mit den resignativen Gefühlen der Jugendlichen umgehen können. Sie haben nicht mehr das Gefühl, ihnen sofort konkrete Hilfe anbieten zu müssen oder Ratschläge zu geben, an die sie im Grunde selbst nicht recht glauben. Ihr Spannungsbogen, sich auf die oft ausweglose Situation ihrer Klienten einzulassen, ihnen erst mal zuzuhören, ist enorm gestiegen.

In der analytischen Situation der Supervision projizieren die Supervisanden ihre Rollen und Funktionen, wie wir gesehen haben, auf die Supervisoren; darin spiegelt sich die Situation, wie sie sie selbst in der Arbeit erleben. Um die Dynamik der permanenten Entwertung umfassender zu verstehen, müssen wir uns die verborgenen institutionellen Voraussetzungen für die Arbeit des Teams genauer anschauen (vgl. *Wellendorf* 1979 und 1986). Zwei Gesichtspunkte erscheinen mir dabei wesentlich:

1. Die Klienten, die das Sozialpädagogenteam berät, setzen sich ausschließlich aus arbeitslosen Jugendlichen zusammen, die nicht mehr zu Hause wohnen können oder wollen und aus dieser materiellen und emotionalen Notsituation die Beratung aufsuchen. Aufgrund der ökonomisch-perspektivlosen Lage können durch die sozialpädagogischen Interventionen nur geringe – oft keine – Perspektiven und Hilfen angeboten werden. Hinzu kommen die Identitätsprobleme der Jugendlichen, die neben der Arbeitslosigkeit auch noch ihren familiären Halt verloren haben bzw. wahrscheinlich noch nie

ausreichend gefunden hatten. Mit den diffusen Gefühlen ihren Eltern gegenüber suchen sie nun die Sozialpädagogen in der Beratung auf und inszenieren hier ihren Ambivalenzkonflikt aufs neue.
2. Die Beratung der gesellschaftlich und familiär ausgestoßenen Jugendlichen mobilisiert eigene tiefe Gefühle bei den Sozialpädagogen. Die ständige Konfrontation mit dem Leid der Klienten löst verständlicherweise Ohnmachtsgefühle, Resignation oder Wut aus, die aber, um als Berater halbwegs arbeitsfähig zu bleiben, nicht zugelassen werden können.

In der Team-Supervision spiegeln sich die frühen und aktuellen negativen Erfahrungen geballt wider. Schwierig für den Supervisionsleiter wird die Reflexion und Bearbeitung dieser latenten, oft unterdrückten Gefühle, weil sich das Leid der ausgestoßenen Jugendlichen und die ambivalenten Gefühle der Sozialpädagogen atmosphärisch verdichten. Genauso wie die aktuelle Konfliktlage der jugendlichen Klienten nicht – oder kaum – durch die Berater lösbar wird, stellen die Berater ihrerseits in der Supervision unbewußt ihre Situation als ausweglos dar, was mit Hilfe des feinen Instruments der Gegenübertragung deutlich und bearbeitbar wird.

Die Frage stellt sich, warum man sich als Supervisor dem Wahnsinnsstreß der fortgesetzten Ablehnung und Anfeindung durch solche Teams aussetzt? Vermutlich geht es dem Supervisor nicht viel anders als seinen Supervisanden selbst: Man sucht in der Arbeit – mehr oder weniger bewußt – eine Art Wiedergutmachung des eigenen erfahrenen Leids. Hätten die eigenen Eltern auch soviel Toleranz und Verständnis aufgebracht, wie man es jetzt in der beruflichen Arbeit als Supervisor oder Sozialpädagoge zeigt, dann wäre es einem in der eigenen Kindheit bestimmt besser gegangen.[22] So versucht man sich selbst und anderen – zum Beispiel den verinnerlichten Eltern – dies durch die schwere Arbeit zu beweisen. Man beweist sich so, daß die Wut auf die Eltern gerechtfertigt ist, da durch die sozialpädagogische Arbeit ja bewiesen ist, daß es auch mit einem selbst anders gegangen wäre. Zumindest befreit das tendenziell von eigenen Schuldgefühlen, die die Wut auf die eigenen Eltern unbewußt bereitet. So bin auch ich als Supervisor nicht frei von ambivalenten Wünschen nach symbiotischer Nähe und dem Wunsch, das erfahrene Leid wiedergutzumachen.

In dieser Beziehung wird der Supervisor seinen Supervisanden unter Umständen sehr nah sein. Wenn er sich im Kreis von Kollegen dieses nicht selbst immer wieder bewußtmacht, wird er allzu bereitwillig mit den Supervisanden mitagieren, d. h. genau die Stellen nicht antasten, die auch bei ihm tiefliegende Ängste mobilisieren könnten. Nicht nur wegen der eigenen Ängste des Supervisors wird jeder Supervisionsprozeß auf Grenzen stoßen. Letzte Klarheit und Wahrheiten wird es nicht geben, denn nicht alle gemeinsamen unbewußten Flecken sind der Reflexion zugänglich; auch die eigenen Interessen und die institutionelle Anbindung bzw. Nichtanbindung des Supervisors sorgen für spezifische Schranken.

3. Zusammenfassende Hypothesen

1. Arbeitsteams müssen – wie andere Gruppen auch – spezielle Wege im Umgang mit den Ängsten ihrer Mitglieder finden. Idealtypisch lassen sich zwei Formen von Teamstrukturen unterscheiden:
I. Arbeitsteams, die in traditionell-hierarchischen Strukturen eingebunden sind (Hierarchie, Vorgesetztenprinzip): Hier übernimmt die feste, klare Struktur in besonderer Weise durch Sicherheit vermittelnde Regeln die Funktion der Angstabwehr ihrer Mitglieder.
II. Kollektive nichthierarchische Arbeitsgruppen: Hier kann das Angstpotential nicht ohne weiteres über Strukturen kanalisiert werden. Dadurch tritt Angst offener zutage, häufig in Form von Wut- und Aggressionsäußerungen. Angstbewältigungsstrategien müssen ständig neu gesucht werden.
In diesem Sinne lassen sich *Pagès'* Annahmen über die Bedeutung der institutionellen Struktur als Strategie der Angstabwehr bestätigen. Die Angst vor Trennung und Isolation als Grundangst konnte zwar in meinen Beobachtungen nicht bestätigt, aber auch nicht widerlegt werden. Offensichtlich bestimmt die Trennungsangst – wie in unserem Beispiel – als Angst vor Abgrenzung die Dynamik.

2. Mythenbildung spielen in allen Gruppenkonstellationen eine Rolle. In Kollektivgruppen übernimmt die Mythenbildung unbewußte Orientierungs- und Leitfunktionen für die Angehörigen. Der Gruppenmythos gestattet ein Stück Regression und vermittelt den Mitgliedern das Gefühl von Geborgenheit. In diesem Zusammenhang können wir vermuten, daß sich hinter der Mythenbildung in kollektiven Arbeitsgruppen häufig unbewußte Geborgenheits- und Regressionsbedürfnisse verbergen, die sich in der Supervision zuerst in einer äußerst ambivalenten Haltung zum Supervisor zeigen. Bestätigen können wir hier *Bion* (1971, 139), der den Mythos in Beziehung zu seiner »Grundannahme der Abhängigkeit« interpretiert.[23] Dem Mythos kommt fer-

ner eine symbolische Funktion zu. Er vereinigt unterschiedliche und sogar scheinbar gegensätzliche Tendenzen in einer Gruppe, eine Aufgabe, die im sogenannten demokratischen Gruppenverständnis dem Gruppenleiter als Integrationsfigur zukommen sollte.

Das Aufbrechen der unterschiedlichen Positionen ist besonders angstbesetzt und für alle beunruhigend, da die in der Mythenbildung abgespaltenen bzw. isolierten angstbesetzten Anteile im erlebnisnahen Bereich mobilisiert werden. Die Bedrohung des Teams in äußeren Feindbildern zu sehen, kann als projektive Angstabwehr interpretiert werden. Reale und »neurotische« Aspekte vermischen sich hier auf grandiose Weise, da der Projektion gleichzeitig eine reale Ebene zugrunde liegt.

3. *Pagès* versucht in seinem theoretischen Konzept die *Freud*sche Annahme zu überwinden, nach der das aktuelle Verhalten eines Individuums durch unbewußte, nicht verarbeitete frühere Konflikte beeinflußt wird. Nach *Pagès* hat auch das Unbewußte im Aktuellen seinen Ursprung in der momentanen Gruppendynamik. Unsere Beobachtungen lassen diesen Schluß nicht ohne weiteres zu. Eindeutig ist, daß die Vorstellungen und Phantasien der Gruppenmitglieder auch durch ihre genetisch frühen Erfahrungen beeinflußt werden. Wo und wie sich genau diese genetischen Anteile und die aktuelle Gruppendynamik schneiden, bleibt weiterhin unklar. Relativieren läßt sich jedenfalls an dieser Stelle *Foulkes* (1974), der jede Gruppendynamik als Geflecht unbewußter Übertragungsdynamik ansieht.

M. E. können wir sowohl genetisch frühe, unbewußte Anteile der Gruppenmitglieder als auch unbewußte institutionelle Anteile feststellen. Deutlich wird, daß die Institutionsdynamik zumindest ein guter Nährboden für die unbewußte Übertragungsdynamik seiner Mitglieder darstellt. Im Umkehrschluß allerdings zu sagen, daß die Institutionsdynamik einzig das Resultat unbewußter Übertragungen seiner Mitglieder ist, faßt m. E. zu kurz. In unserem Beispiel bot sich die Finanzierungsstelle in ihrer institutionell-versteinerten Abstraktion auch als Projektionsfläche an und mobilisierte so die negative Übertragung mit der entsprechenden Sündenbockdynamik. Diese hatte sicherlich für die Mitglieder eine willkommene Entlastungsfunktion, verhinderte aber gleichzeitig die Bewußtwerdung und Entwicklung zur Überwindung der eigenen einschränkenden Angstbarrieren.

4. Kollektiv-Gruppen handeln in der berufsbezogenen Reflexion ihre Ambivalenz in besonderer Weise am Supervisor ab. Diese Ambivalenz ergibt sich einerseits aus dem Wunsch und Anspruch, die Arbeit selbstbestimmt zu gestalten und dem Mangel an regressivem Rückzug (z. B. unter der Führung eines Vorgesetzten) andererseits.

So wird in Kollektiv-Gruppen der Supervisor nicht nur als Reflexionsbegleiter und -anleiter, sondern auch als Leiter im Sinne eines Vorgesetzten gesehen. In kontinuierlicher Auseinandersetzung mit ihm – oft verbunden mit unterschwelliger Aggression und Ablehnung – wird unbewußt seine Leiterqualifikation erprobt. Diesen Versuch der Kollektiv-Gruppe, dem Supervisor die Strukturierungsrolle anzubieten, um ihn darin scheitern zu sehen, habe ich das Leiterspiel genannt.

5. Das Leiterspiel ist Ausdruck eines hohen Maßes an ungebundener unbewußter Angst in Kollektiv-Gruppen. Der Supervisor erlebt in diesen Gruppen einen hohen Anspruch an seine Qualitäten, was bei ihm ebenfalls Angst erzeugen wird. Dies birgt die Gefahr, daß der Supervisor, um sich davor zu schützen, zu seinerseits erhöhter Angstabwehr greift. Diese läßt sich am geeignetsten über das Setting abhandeln. In den Ängsten des Supervisors fließen m. E. die eigenen Ängste und Unsicherheiten, die jede neue Gruppe mobilisiert, und die (unbewußten) Ängste der Teilnehmer zusammen. So gesehen spiegelt das Angstniveau des Supervisors auch die Angst der Gruppe wider und gibt wertvolle Hinweise auf die Möglichkeiten der beruflichen Reflexion bezüglich Tiefe und Tempo. Je weniger der Supervisor diese Ängste durch manipulativ-strukturierende Techniken unterdrücken oder verleugnen muß, je mehr kann er zur Angstbearbeitung in der Gruppe beitragen.

6. Nicht die richtige Deutung und die treffende Interpretation lösen die unbewußten Verstrickungen der Mitarbeiter untereinander auf. Günstiger ist ein sich entwickelndes Klima mit Hilfe des Supervisors, in dem sich die unterschwelligen Wünsche und Konflikte des Teams in Beziehung zum Supervisor entfalten können. Erst durch dieses gemeinsame affektive Erleben können mobilisierte Strebungen deutend und interpretierend durch den Supervisor bewußtgemacht werden. Tiefliegende, besonders angstbesetzte Anliegen werden deshalb längere Zeit brauchen, ehe sie ein bewußtseinsnahes Stadium erreichen.

Die Aufgabe des Supervisors ist deshalb nicht, den Supervisanden die Konflikte zu interpretieren, sondern die Mitarbeiter in einem gemeinsamen, oft komplizierten und langen Prozeß zu befähigen, die verdrängten und verleugneten Strebungen im bewußtseinsnahen Stadium selbst zu erkennen. Deutungen in einem zu frühen Zeitpunkt mobilisieren nur die Abwehr und Ängste der Teilnehmer und dienen der eigenen Angstabwehr des Supervisors. Die gruppenanalytische Sichtweise kann dem Supervisor eine hilfreiche Orientierung bieten, den Reflexionsprozeß zu leiten, ohne manipulativ einzuschränken.

7. Um die verschüttete Solidarität unter den Mitarbeitern zu fördern, hat sich *Harrison* (1971) bewährt. Er unterscheidet zwei Tiefenniveaus in der Organisationsintervention. Das weniger tiefe Interventionsniveau zielt auf die Instrumentalisierung ab, d. h., eine Kontaktaufnahme auf der pragmatischen Arbeitsebene wird initiiert. Diese Ebene ist weniger angstbesetzt und schafft ein erstes gemeinsames Arbeitsbündnis unter den Kollegen. Der Supervisor wird in dieser Phase unbewußt als Leiter/Vorgesetzter gesehen. Übertragungsphantasien ihm gegenüber verzerren die Wahrnehmung seiner ganzen Person.

Das tiefere Interventionsniveau zielt auf die zwischenmenschlichen Beziehungen ab. Fokussiert wird auf die Gefühle, Einstellungen und Wahrnehmungen, die die Mitglieder der Arbeitsgruppe in bezug auf andere haben. Bearbeitet und synthetisiert werden kann auf dieser Ebene die Ambivalenz zwischen angstbesetzter Bindung und Trennungsangst, die nach *Pagès* den Kern der ursprünglichen Solidarität und primären Liebe bildet.

8. Komplexe Gruppenprozesse lassen sich durch quantitative Verfahren nicht erschließen, da sie lediglich – wenn überhaupt – einzelne Variablen erfassen können. Die vielgestaltigen Prozesse in Gruppen in ihrer bewußten und vor allem unbewußten Dynamik können eher durch eine hermeneutische Vorgehensweise erfaßt werden. Mit *Sandner* (1984) können wir feststellen, daß sich herausragende, aktuell oft nicht verstehbare Gruppenphänomene und Äußerungen einzelner Mitglieder vielfach erst im nachherein interpretativ deuten lassen und einen Sinnzusammenhang ergeben. Im fortschreitenden Gruppenprozeß lassen sich durch unterstützende oder selbstreflexive Bewußtwerdung alle Mitteilungen einzelner und die Dynamik der Gruppe als solcher als ein ganzheitlicher Prozeß verstehen, an dem alle gleichmäßig – gerade in ihrer Unterschiedlichkeit – beteiligt sind. Hier zeigt sich die Relevanz der »analytischen Gruppendynamik«.

In angeleiteten Gruppen – wie zum Beispiel Supervisionsgruppen – wird der Leiter schnell zum Schnittpunkt der unbewußten Gruppendynamik. Diesen Kristallisationsprozeß habe ich als das Leiterspiel beschrieben. Die Bewußtwerdung der unbewußten Gruppendynamik ist zuerst einmal angstbesetzt, da Verdrängtes und Verleugnetes zutage gefördert werden könnte; Widerstände müssen sich deshalb zwangsläufig einstellen. In dem Maße, wie der Leiter die angstbesetzte Dynamik an sich erfahren und sich aus ihr wieder lösen kann, wird er durch sein nichtkomplementäres Verhalten der Gruppe eine Möglichkeit zur Bearbeitung ihrer unbewußten (Angst-)Dynamik eröffnen.

Die Erfassung des unbewußten Gruppenprozesses über die Gegenübertragung des Leiters scheint mir bisher das geeignetste Mittel, die unbewußte Gruppendynamik umfassend als ganzheitlichen Prozeß zu erschließen.

II. Angst unter entwicklungsgeschichtlichen Aspekten

> »Die Menschen haben es jetzt in der Beherrschung der Naturkräfte so weit gebracht, daß sie es mit deren Hilfe leicht haben, einander bis auf den letzten Mann auszurotten. Sie wissen das, daher ein gut Stück ihrer gegenwärtigen Unruhe, ihres Unglücks, ihrer Angststimmung.«
>
> *Freud* (1930, 506)

In unserem gesellschaftlichen Alltag stellt Angst eher ein Übel dar, das es möglichst umgehend und weitreichend abzuschaffen gilt. Wenn dies schon nicht gelingt, wenn in Stunden der Einsamkeit und Muße wieder Angstgefühle auftauchen, ist jede Form von Zerstreuung recht, um sich dieser unangenehmen Gefühle zu entledigen.

Dies ist auch in der wissenschaftlichen Psychologie nicht viel anders. In der experimentellen Psychologie z. B. tritt Angst nur als Störvariable auf.[24]

Auch die frühe behavioristische Verhaltenstherapie hatte interessanterweise ihre schnelle Popularität der Beseitigung von Ängsten, und zwar phobischer Ängste, zu verdanken. Gefragt wurde nicht nach den Gründen und Ursachen dieser Ängste, schon gar nicht, ob sie vielleicht sogar sinnvoll sein könnten, trotz der Einschränkungen, die sie zur Folge haben. Nach diesem Konzept erwirbt das Individuum die Ängste durch Lernen und kann sie deshalb auch wieder verlernen. Eine griffige Formel, die in ihrer verkürzten Logik besticht und dadurch eine gewisse Anziehungskraft hatte. In jedem Falle erscheinen Ängste als etwas Individuelles, ja Zufälliges. Hier sind die Naturreligionen, die durch Opferdarbietungen die Götter wohlgesonnen zu stimmen versuchen, eigentlich schon weiter, denn in der kollektiven Zuwendung und Verehrung ihrer Gottheiten spiegelt sich bereits etwas allgemein Gesellschaftliches wider.

Alle tiefenpsychologisch orientierten Autoren nehmen dagegen eine Grundangst an, die jeden Menschen existentiell bedroht. Wenn wir diese Urängste, wie z. B. Kastrationsangst *(Freud)*, Angst vor Einsamkeit *(Fromm, Klein)* oder Angst vor Trennung und Isolation *(Pagès)* als etwas Universelles sehen, kommen wir sehr schnell in das Fahrwasser geschichtsloser Anthropologisierung. Wir wollen diese Urängste keinesfalls in Frage stellen, aber doch betonen, daß unter verschiedenartigen Bedingungen sehr unterschiedliche Verarbeitungsformen und Ausprägungen dieser existentiellen Ängste stattfinden.

Pagès, wie wir ihn im vorigen Kapitel kurz dargestellt haben, führt uns im Grunde zu der entscheidenden tieferen Frage: Wie sieht der Zusammenhang zwischen den Phänomenen Angst und Gruppe aus? Die Frage, welchen Beitrag eine Gruppe oder Institution zur Angstbewältigung, Angstabwehr oder Angstentstehung beisteuert, läßt sich entwicklungsgeschichtlich nur innerhalb einer historischen Analyse erörtern. Wir müssen uns mit anderen Worten die Evolutionsgeschichte des Menschen anschauen, um Erkenntnisse darüber zu gewinnen, welche Bedeutung zum einen *der Angst* und zum anderen *der Gruppe* zukommt. Dieses Vorgehen schützt uns davor, aufgrund von Material, das wir aus der praktischen Arbeit gewonnen haben, vorschnell Rückschlüsse über die Natur des Menschen zu ziehen. Erst die Interpretation der Erkenntnisse auf kulturgeschichtlicher Grundlage erlaubt vorsichtige Aussagen über die Natur des Menschen. Diese Einschränkung scheint mir wichtig, da fast alle Therapieschulen auf der Grundlage ihrer klinischen Beobachtungen direkte Rückschlüsse auf genuine menschliche Bedürfnisse ziehen. Diese bekommen durch die nicht-anthropologische Betrachtungsweise einen nahezu religiösen bzw. naturhaften Charakter.

So werde ich versuchen, in diesem Kapitel herauszuarbeiten, daß die menschliche Entwicklungsgeschichte sich erst entfalten konnte, als durch die Evolution die Fähigkeit zur Gruppenbildung angelegt war. Die Einbindung in eine Gruppe und die Angstbewältigung durch diese Gruppe waren danach sicherlich eine wichtige Voraussetzung zur Entwicklung unserer menschlichen Kultur.

In diesem Sinne versuche ich im folgenden auch ein Grundverständnis der analytischen Gruppendynamik zu entwickeln: Phylogenese und Ontogenese sind sich bedingende Gruppenprozesse. Die Ontogenese baut auf den Voraussetzungen der Phylogenese auf und trägt sie gleichzeitig weiter. Der vielleicht recht umfassende Abschnitt über idealtypische Entwicklungsbedingungen in der Ontogenese soll gleichzeitig eine entwicklungspsychologische Grundorientierung vermitteln, um die gruppenanalytische Sichtweise auf eine solidere Basis zu stellen. In der konkreten Arbeit mit Gruppen sind wir immer mit der Frage konfrontiert, ob das beobachtete Verhalten seinen Ursprung in der aktuellen Situation hat oder inwieweit individuell-entwicklungsgeschichtliche Ursachen ausschlaggebend sind. Oder noch komplizierter: Inwieweit beides in dynamischer Wechselwirkung steht. Die Interventionen und Haltungen eines Gruppenleiters sind immer beeinflußt von seinem – oft impliziten – Menschenbild; meines versuche ich hier aufzudecken.

Wenn ich zuerst *Freuds* Angsttheorien darstelle, dann deshalb, weil sie in der psychoanalytischen Diskussion von Relevanz sind. Die Kritik an seiner Theorie wird zeigen, daß sie für unsere heutige Gesellschaft durchaus zu nachvollziehbaren Einsichten kommt, die allerdings keinen Anspruch auf Allgemeingültigkeit erheben können.

1. Angst bei Freud

Freud hat bei der Erforschung der Angst als erster versucht, eine psychologische Theorie zu erarbeiten. Ich werde sie an dieser Stelle kurz darstellen, da sie letztendlich Eingang in alle psychologischen Schulen gefunden hat. Ferner sind wesentliche psychoanalytische Kategorien wie Neurose, Widerstand oder Verdrängung ohne den Angstbegriff nicht verstehbar.

Im Fortschreiten seines Forschungsprozesses veränderte sich *Freuds* Verständnis von Entstehung und innerpsychischer Verarbeitung der Angst grundlegend. Schon 1895 formulierte er in seiner Abhandlung »Über die Berechtigung, von der Neurasthenie einen bestimmten Symptomkomplex als ›Angstneurose‹ abzutrennen« wesentliche Grundannahmen seiner ersten Angsttheorie. Damals suchte er nach einer rein trieb-ökonomischen Erklärung für die Angst. Angst ist demzufolge ein Affektzustand, der immer dann entsteht, wenn sich ein Mensch nicht in der Lage fühlt, bestimmte Aufgaben durch bestimmte Reaktionen zu lösen. Wenn diese Aufgaben in der Umwelt des Individuums auszumachen sind, ist die Angst als eine »normale« zu bezeichnen. Wenn diese Anforderungen jedoch in Form zu lösender Spannung – meist sexueller Natur – im Menschen selbst liegen, so entsteht neurotische Angst. Libido, die unbefriedigt bleiben muß, wird verdrängt und als Folge des Verdrängungsvorgangs entsteht Angst. Hier wird noch keine Grundangst angenommen, sondern Angst tritt sekundär als Folge eines Abwehrprozesses auf.

Als *Freud* diese Theorie entwickelte, hatte er noch das hypothetische Modell vor Augen, nach dem alles Unbewußte im Es zu Hause ist und das Ich der Ort sei, in dem das Bewußte und Vorbewußte gespeichert wird (1. Topologisches Modell).

Die Erforschung der Krankheitsdynamik von Depressionen führte schließlich zur Entwicklung des Über-Ich-Begriffes, da nur in der Depression Ich und Über-Ich als voneinander getrennt erscheinen.

Schließlich konnte er die ökonomische Struktur von Ich und Es nicht aufrechterhalten, da das Ich auch unbewußte Anteile aufwies. *Freud* entwarf in seinem sogenannten Strukturmodell die Psyche hypothetisch als dynamische Struktur, bestehend aus Ich, Es und Über-Ich. In seinem Buch »Hemmung, Symptom, Angst« (1926) findet sich seine 2. Angsttheorie in entwickelter Form. Hier wird das Ich zur »Stätte der Angst«, denn nur das Ich kann Angst wahrnehmen und die Verdrängung einleiten. *Freud* (1926, 280) schreibt dazu: »Die Angst ist ein Affektzustand, der natürlich nur vom Ich verspürt werden kann. Das Es kann nicht Angst haben wie das Ich, es ist keine Organisation, kann Gefahrensituationen nicht beurteilen.«

Dem Ich wird eine Gefahr signalisiert, auf die es reagiert. Deshalb wird Angst hier auch als Signalangst bezeichnet, da sie immer eine reale Gefahr anzeigt. Die »Realangst« kann eigentlich drei Quellen haben:
1. Wir haben es mit Umweltvorgängen zu tun, die das Ich ängstigen und eine Aktion in Richtung Flucht – wie beim Tier – auslösen, eventuell die Verdrängung einleiten, wenn die Gefahr zu groß ist und Flucht unmöglich erscheint;
2. Das Ich nimmt Triebregungen aus dem Es wahr, deren Realisierung aufgrund frühkindlicher Erfahrungen als gefährlich gelten, da sie gesellschaftlich tabuisiert sind, wobei es sich oft um Triebe sexueller Natur und die Antizipation der Kastration handelt. Hier hat die »neurotische Angst« ihre Wurzeln;
3. »Über-Ich-Angst« entsteht, wenn das Ich durch Gedanken und Handlungen einen Gegensatz zu den verinnerlichten Ge- und Verboten erlebt. Auch diese Angst rührt letztendlich aus der Kastrationsangst, da sie das Kind aus Hilflosigkeit und Abhängigkeit zur Anpassung zwingt.

Halten wir noch einmal fest: Sowohl die neurotische Angst als auch die Realangst signalisieren eine reale Gefahr, lösen allerdings sehr gegensätzliche Reaktionen aus. Während die Realangst sozusagen bewußt im Ich wahrgenommen wird, vollzieht sich bei der »neurotischen Angst« die Verdrängung unbewußt. Die 1. Angsttheorie läßt sich formelhaft so ausdrücken: Die Verdrängung (meist sexueller Triebenergie) macht die Angst. Die 2. Angsttheorie hingegen sagt, »daß die Angst die Verdrängung macht« (*Freud* 1933, 524).

Nach *Freud* wird die Angst nach einem bestimmten vorhandenen Erinnerungsbild reproduziert. In Übereinstimmung mit seinem Schüler *Otto Rank*, der zuerst vom »Geburtstrauma« sprach, sieht auch *Freud* (1926) im Geburtsvorgang die erste Angstreaktion, die zum Vorbild für alle späteren Angstreaktionen wird. Weiterhin betont *Freud* (1926, 290), daß alle Angstreaktionen »etwas Gemeinsames bewahren, indem sie alle in gewissem Sinne eine Trennung von der Mutter bedeuten«. An gleicher Stelle vergleicht *Freud* (1926, 272) die tiefgreifende Angst, nämlich die Kastrationsangst, sogar mit dem Geburtsakt, wenn er sagt: »Das erste Angsterlebnis des Menschen ist wenigstens die Geburt, und diese bedeutet objektiv die Trennung von der Mutter, könnte einer Kastration der Mutter (nach der Gleichung Kind = Penis) verglichen werden.«

Letztlich wird die neurotische Angst dadurch zur verinnerlichten Realangst, da sie ihre Wurzeln in der Kastrationsangst findet. In dem schon erwähnten Buch »Hemmung, Symptom, Angst« handelt *Freud* das Problem grundsätzlich und verallgemeinernd ab. Am Beispiel der Pferdephobie des »kleinen Hans« entwickelt er, daß die neurotische Angst die Folge von Abwehrmechanismen ist, z. B. indem der kleine Hans seine Ängste vor dem Vater auf das Pferd verschiebt. So wird die Verschiebung zum Symptom für die Angst des kleinen Hans vor dem Vater.

Die Kastrationsangst leitet den Übergang des Ödipuskomplexes ein und mündet schließlich in der Über-Ich-Bildung – oder dem sozialen Gewissen. Die ödipale Phase erscheint in *Freud*s Konzept als universelle Voraussetzung, damit sich das Über-Ich als eigenständige Instanz überhaupt herausbilden kann.[25]

Nun legt *Freud* seiner universellen Ödipustheorie selbst eine phylogenetische Hypothese zugrunde: Der Vatermord durch die Söhne in der Urhorde steht am Beginn der Kulturgesellschaft. Der Urvater symbolisiert die Autorität, die Macht, er legte den Söhnen die Last der Arbeit auf, die in der Urhorde zu verrichten war. Der Urvater setzt somit das Realitätsprinzip durch, seine Autorität rechtfertigt sich durch die Sicherheit und den Schutz, den er der Gruppe gibt. Die Söhne hassen den Urvater für die Einschränkungen der Lust und die auferlegte Enthaltsamkeit. Nach *Freud* gipfelt der Haß der Söhne in der gemeinschaftlichen Tötung und dem Verzehr des Urvaters. Die Auslöschung des Vaters bedroht aber den Fortbestand der gesamten Gruppe und damit auch die Existenz der Söhne selbst, da das Lustprinzip wieder durchbrechen und die Ordnung zerstören könnte. Schuldgefühle wegen des Verbrechens sind die Folge. Aus Angst vor neuen Verbrechen setzen die Söhne viele Väter zur Aufrechterhaltung der Herrschaft ein, und der ermordete Vater wird vergöttert und so internalisiert. Aus dem Schuldgefühl wird das Über-Ich geboren, das über die Lust fortan wacht – eine notwendige Voraussetzung für Kultur überhaupt. »Wir kennen also zwei Ursprünge des Schuldgefühls, den aus der Angst vor der Autorität und den späteren aus der Angst vor dem Über-Ich. Das erstere zwingt dazu, auf Triebbefriedigung zu verzichten, das andere drängt, da man den Fortbestand der verbotenen Wünsche vor dem Über-Ich nicht verbergen kann, außerdem zur Bestrafung. Wir haben auch gehört, wie man die Strenge des Über-Ichs, also die Gewissensforschung, verstehen kann. Sie setzt einfach die Strenge der äußeren Autorität, die von ihr abgelöst und teilweise ersetzt wird, fort« (*Freud*, 1930, 253).

Wir werden im folgenden Abschnitt noch zeigen, daß *Freuds* Grundkonzept der Urhordentheorie und des Ödipus' als verallgemeinerndes menschliches Entwicklungsmodell phylogenetisch nicht haltbar ist.[26]

2. Angstbereitschaft, Neugierverhalten und Gruppenbildung

Der heutige »Kulturmensch« kann sich sicherlich kaum mit dem Gedanken anfreunden, daß gerade die Fähigkeit, Angst erleben zu können, eine ganz wichtige Entwicklungsvoraussetzung auf unserem langen Weg vom Tier zum Menschen war. Um die spezifisch menschlichen Charakteristika der Angst verstehen zu können, ist es nach *Holzkamp-Osterkamp* (1975/1976) nötig, die phylogenetische Gewordenheit der Angst bei Tieren als ersten methodischen Schritt herauszuarbeiten. Sie zeigt auf, daß Angstbereitschaft und Angstverhalten in der Entwicklung von niederen zu höheren Tieren zunimmt, da sich auch das Neugier- und Aktivitätsverhalten erweitert.

Neugierverhalten und Angstbereitschaft stehen in direktem Bezug. In dem Maße, wie Tiere sich in fremdes unbekanntes Territorium vorwagten, stellte die Angstbereitschaft eine lebensnotwendige Überlebensqualität dar, um auf bedrohende Gefahren aufmerksam zu machen.

Holzkamp-Osterkamp (1975, 183f.) differenziert folgendermaßen: »Die Angstbereitschaft als Moment des Neugierverhaltens ist dabei zu unterscheiden von der Fluchtbereitschaft, die man als ›Furcht‹ bezeichnen könnte; während die ›Furcht‹ einen festgelegten Auslöser hat, der zur artspezifischen Fluchtstimmung und schließlich der Flucht führt, ist die ›Angstbereitschaft‹ an keine besondere Auslösesituation gebunden, sondern eine allgemeine Bestimmtheit der ›Vorsicht‹ gegenüber Neuem, einer generellen Tendenz zur Vermeidung von möglichen Situationen des Verlustes der Umweltkontrolle. Die Angstbereitschaft ist sozusagen der subjektive Ausdruck des Risikos, das in der Offenheit des Neugier- und Explorationsverhaltens liegt. (...) Bis zu einem gewissen Grad von Diskrepanz zwischen Gelerntem und Neuem kommt es zu einer erhöhten emotionalen Erregung mit positiver Zuwendung zum Neuen, Mobilisierung gerichteter Energien und Angstbereitschaft. Wenn die Diskrepanz zwischen Gelerntem und Neuem über einen optimalen Grad hinauswächst, überwiegt die ›Angstbereitschaft‹ des Tieres als negativ getönte emotionale Wertung mit Tendenz zur Abwendung und zum Sich-Zurückziehen. Erhöht sich die Diskrepanz zwischen Gelerntem und Neuem weit über einen kritischen Grad hinaus, gerät das Tier in einen manifesten Zustand der Angst mit Handlungsfähigkeit und Verlust der Umweltkontrolle.«

Angst im Sinne von Angstbereitschaft bringt somit wichtige Selektionsvorteile, denn Tiere, denen es aufgrund ihrer Neugieraktivität gelingt, sich neues Territorium als Lebensraum zu erschließen, konnten sich damit auch ein Stück »Freiheit« erschließen. Diese phylogenetisch in vielen Jahrtausenden erworbene neue Offenheit des Verhaltens veränderte ebenfalls die instinkthafte »Festgelegtheit«, d. h., daß auch auf einer höheren Stufe angeborene Verhaltensweisen letztendlich erlernte sind, weil sie das Resultat einer entwicklungsgeschichtlich langen Veränderung darstellen.

Mit der zunehmenden Differenzierung des Neugier- und Angstverhaltens bildeten sich auch übergeordnete tierische Sozialstrukturen heraus. Es läßt sich unschwer vermuten, daß sich diese Gruppierungen phylogenetisch deshalb herausbilden konnten, weil der Zusammenschluß der Tiere, im Gegensatz zum Einzeldasein, wichtige Selektionsvorteile brachte. Die erhöhte Offenheit der potentiellen Verhaltensweisen zwang zu bestimmten Formen der Kooperation. Als einfachste Form können wir uns die Höherentwicklung vom Einzeller zum komplizierten Mehrzeller vorstellen, wo schon der Akt der Befruchtung soziale Bezogenheit überlebenswichtig voraussetzt. Mit der Weiterentwicklung vom niederen zum höheren Tier lassen sich auch längere Brut- und Aufzuchtzeiten beobachten. Bereits sehr einfache Formen von sozialer Arbeitsteilung sind nötig, um die Aufzucht des Nachwuchses zu gewährleisten. *Holzkamp-Osterkamp* (1975, 198) ist hier beizupflichten, wenn sie feststellt, daß »soziale Beziehungen nicht schon mit dem organismischen Leben vorausgesetzt werden können, sondern erst relativ spät auf einer höheren Stufe der phylogenetischen Entwicklung erreicht werden«.[27]

Hier sehen wir deutlich den Zusammenhang zwischen der Fähigkeit zum Angsterleben bzw. -verhalten und der Zugehörigkeit zu einer sozialen Gruppierung. Eines ist ohne das andere nicht möglich. So kommt es, entwicklungsgeschichtlich gesehen, erst sehr spät – oder erst in jüngster Vergangenheit – zur Entwicklung des Menschen.

Den qualitativen Unterschied zwischen Mensch und Tier sehe ich in erster Linie in der Instinktfestlegung beim Tier (selbstverständlich in unterschiedlicher Ausprägung, so daß auch »Lernen« beim Tier nicht ausgeschlossen ist) und der relativ offenen Handlungsfreiheit des Menschen. *Der Mensch kann die Handlungsfreiheit erst durch die Zugehörigkeit zu einer sozialen Gruppierung realisieren, die sozusagen als verläßliche Orientierung den Verlust an Instinktsteuerung ausgleichen kann.* (Wobei die Handlungsfreiheit erst über Sprache, Denken, Arbeit und Bewußtsein realisiert werden kann.)

Gehlen (1956) nennt solche Gruppen »Institutionen«, deren es bedarf, um die generelle »Instinktentbundenheit« des Menschen quasi als Außenersatz für die entwicklungsgeschichtlich aufgegebene Innenleitung sicherzustellen. Auch primitive Formen der Arbeitsteilung setzen verläßliche, antizipierbare Verhaltensweisen voraus, die sich nach *Gehlen* als »Gewohnheiten« definieren lassen, deren Garant als Institution zu bezeichnen ist. Die verläßliche Antizipation ist genau das, was *Holzkamp-Osterkamp* als Umweltkontrolle definieren würde, ohne die der Mensch in »manifester Angst« handlungsunfähig wäre.

Das, was *Gehlen* hier als die Aufgabe von Institutionen beschreibt, ist bei *Marx* (1844) bereits vorformuliert, wenn er vom »Gattungswesen« spricht. Der Mensch als Gattungswesen unterscheidet sich gerade dadurch vom Tier, daß er sich in der Arbeit, in der praktischen Tätigkeit, in den Produkten seiner Arbeit vergegenständlicht und sich so die Natur aneignet und gleichzeitig verändert. Dieses Geschehen ist immer schon ein gesellschaftliches, d. h.: »Was von dem Verhältnis des Menschen zu seiner Arbeit, zum Produkt seiner Arbeit und zu sich selbst, das gilt von dem Verhältnis des Menschen zum andren Menschen, wie zur Arbeit und dem Gegenstand der Arbeit des andren Menschen« (*Marx* 1844, 82).[28]

Nach *Holzkamp* (1973, 112) ist das zentrale Merkmal, das den Menschen von allen anderen Lebewesen unterscheidet, die Fähigkeit zur »Werkzeugherstellung für die künftige Gelegenheit«. Er meint damit die bewußte Planung und Antizipation des Werkzeuggebrauchs, deren Herstellung die kooperative soziale Kommunikation voraussetzt. Organisierte Tätigkeit im Sinne von Werkzeugherstellung, Sprache und Bewußtsein sind dann die Mittel, die Handlungsoffenheit zu regeln.

Trotz der notwendig verkürzten Darstellung ist hoffentlich deutlich geworden, daß der qualitative Sprung in der Entwicklung des Tieres zum Menschen nicht möglich gewesen wäre, wenn nicht schon bei den höheren Tieren »soziale Verbände« dazu beigetragen hätten, die erhöhte Angstbereitschaft aufgrund höherer Handlungsfreiheit auszugleichen. Somit stand an der Wiege zur Menschheit immer schon die *Gruppeneingebundenheit* als Gegenstück zur *Instinktgebundenheit* beim Tier.

Wichtig scheint mir diese Unterscheidung, weil immer wieder betont wird, daß der neugeborene Mensch als »asoziales Wesen« auf die Welt kommt. Phylogenetisch gesehen eine unhaltbare Behauptung, die aber sicherlich einen fruchtbaren Nährboden dafür abgibt, den Menschen als autonomes Individuum zu idealisieren.

Mit *Marx* können wir vielmehr feststellen, daß der isolierte Einzelne nicht am Anfang, sondern am Ende der Menschheitsgeschichte steht. »Entfremdung« bezeichnet genau das Zurückgeworfensein auf perspektivlose Produktion, die nicht mehr gemeinsame Aneignung äußerer und innerer Natur ist (vgl. auch *Ottomeyer* 1976, 37 ff., *Màrkus* 1975).

Wenn in der psychoanalytischen Literatur oft in suggestivem Unterton von den Abhängigkeitswünschen der Individuen gesprochen wird, können wir dies nach unserem Verständnis positiv wenden: Die sog. Abhängigkeitswünsche sind ein verkümmertes, gesellschaftlich nur schwer zu realisierendes Bedürfnis nach Zugehörigkeit, und zwar nach Gruppenzugehörigkeit, wie sie der phylogenetischen Entwicklungsgeschichte des Menschen eigen ist. Somit sind Zugehörigkeitswünsche ein »natürliches Bedürfnis« im wahrsten Sinne des Wortes.[29]

Damit beantwortet sich auch die Frage: »Was war zuerst da: Individuum oder Gruppe?« Beide sind untrennbar verbunden, bilden eine dialektische Einheit. Gruppe in dieser Abstraktheit ist dann auch immer schon Kulturträger oder, wie *Gehlen* (1956, 118) sagt, »anthropologisch muß man sich darüber klar sein, daß es eine vorkulturelle faßbare menschliche Natur überhaupt nicht gibt.«

Dieser Autor kommt in seinen Vorstellungen von der Bedeutung der Institutionen für die Bewältigung lebensnotwendiger Aufgaben auch auf Riten und Mythen in archaischen Kulturen zu sprechen. Beide stellen ein gruppenbezogenes Bezugssystem dar, daß er »Wesenheiten« nennt. Hinter diesem genuinen gruppenbezogenen Ansatz fallen eigentlich alle psychoanalytischen Gruppentheorien zurück, denn sie sehen Mythen, Tabus und Gruppennormen als kollektive Abwehrprozesse einer Gruppe an. Abwehr ist Folge eines angstbesetzten Triebimpulses, der verdrängt werden muß. In dieser psychoanalytischen

Diktion gerät der Abwehrbegriff schnell unter negative Vorzeichen. Die Denkrichtung geht auch hier vom Individuum aus, Gruppe und Gruppenabwehr erscheinen so sekundär. Andersherum muß man sich *Gruppe* als kulturelle Sozietät vorstellen, ohne die menschliche Entwicklung – weder phylogenetisch noch ontogenetisch – nicht vorstellbar ist. Man wird dann feststellen, daß jede Gruppe ihre spezifischen Gruppennormen hat, die kulturell vorgeformt und durch ihre Mitglieder angenommen, reproduziert und verändert werden. Das heißt, Gruppen ohne Tabus sind schlechterdings nicht vorstellbar. Allerdings kann die Qualität der kollektiven »Gruppenabwehr« danach beurteilt werden, inwieweit sie die Angst ihrer Mitglieder auf ein erträgliches Maß reduziert, das Entwicklung erst möglich macht oder inwieweit es zu Erstarrung durch rigide Strukturen führt.

Erklärungswert hat dieser Denkansatz der primären, kulturellen Sozietät, weil es das »Gruppenunbewußte« (s. Kap. III) verständlicher werden läßt. Die spezifische Qualität dieses außerindividuellen Unbewußten ist – wie *Erdheim* (1984) nachweist – in Abhängigkeit zum gesellschaftlich-historischen Zivilisationsprozeß jeweils genauer zu bestimmen.

3. Vom Es zum Ich

Mit *Schmidbauer* läßt sich in dieser Richtung weiterdenken, da auch er den phylogenetischen Ansatz aufnimmt, um in einer Revision des *Freud*schen Triebkonzepts zu einem *Modell gruppenbezogener Entwicklungspsychologie* zu kommen, die wir als Teil der Theorie der »analytischen Gruppendynamik« verstehen können.

Sein Versuch, *Freud*s Es- und Ich-Begriff zu überdenken, wird zeigen, wie der Entwicklungseinfluß der das Kind umgebenden Primärgruppe Entwicklungsmöglichkeiten fördern oder behindern kann. Wachstum und Veränderung des Einzelnen bleiben so nicht eindimensional individualistisch, sondern sind eingebettet und abhängig von vielschichtigen, gesellschaftlichen und gruppendynamischen Prozessen.

Die Auseinandersetzung mit der Triebtheorie *Freud*s und seiner phylogenetischen Kulturtheorie (Ödipus-, Urhordentheorie) begann schon früh und kreiste wie auch hier um die zentrale Frage nach dem Verhältnis zwischen »Natürlichkeit« und »Gesellschaftlichkeit«. In dem Versuch, Psychoanalyse und Marxismus zu verbinden, wurde ein Weg gesehen, *Freud*s individuumzentrierte Theorie um eine gesellschaftliche Dimension zu erweitern (z. B. *Bernfeld* 1927, *Reich* 1929, *Fromm* 1932, *Fenichel* 1934).[30] Als Freudomarxisten wurden daraufhin *Reich* und *Bernfeld* sowohl aus der Internationalen Psychoanalytischen Vereinigung als auch aus der Kommunistischen Partei ausgeschlossen.

In den 50er Jahren fand diese Debatte einen neuen Höhepunkt. Als »Kulturismusdebatte« ist diese Auseinandersetzung in die Literatur eingegangen, deren herausragende Protagonisten *Fromm* und *Marcuse* waren. Beide hatten bis zu ihrer Emigration in die USA zusammen mit *Horkheimer* am Frankfurter Institut für Sozialforschung an der umfangreichen Studie über »Autorität und Familie« gearbeitet. Inzwischen hatten *Erich Fromm, Karen Horney* und *Harry S. Sullivan* seit 1944 in New York eine psychoanalytische Fakultät aufgebaut. Gerade *Fromm* arbeitete weiter an der Synthetisierung von Psychoanalyse und Marxismus. Er und sein Team wandten gegen die Psychoanalyse ein: *Freud* unterschätzt das Ausmaß, in dem das Individuum und seine Neurose durch Konflikte mit der Umwelt bestimmt wird. *Freud*s biologische Orientierung verleite ihn dazu, sich zu stark auf die Primärtriebe und ihre Schicksale zu konzentrieren, die zu einer frühen Determiniertheit der Persönlichkeit führen. *Fromm* u. a. ging es, grob gesagt, um die Akzentverschiebung von der Triebseite auf den kulturellen Einfluß als konstituierende Ebene in der Persönlichkeitsentwicklung.[31] Dazu war freilich die Aufgabe der Libidotheorie erforderlich, die *Fromm* durch sein Modell des Sozialcharakters ersetzte.[32]

Der Vorwurf *Marcuse*s (1965) an die Revisionisten und Ich-Psychologen, wie sie nun von den orthodoxen Psychoanalytikern genannt wurden, gipfelt in der Feststellung, daß sie *Freud*s Kulturtheorie aufgelöst haben, indem sie den Widerspruch zwischen Lust- und Realitätsprinzip eliminierten – durch Aufgabe der konstituierenden Bedeutung der Libido – und dadurch das Individuum in die Lage versetzten, unter gegebenen Bedingungen nach Glück streben und dies realisieren zu können. *Marcuse* setzte dem seine Theorie »nicht-repressiver Sublimierung« entgegen.[33]

Ich kann hier die Debatte nicht weiter vertiefen, stimme aber in wesentlichen Punkten mit *Fromm*s Kulturkritik an *Freud* überein, besonders was die Anthropologisierung seiner Urhorden- und Ödipustheorie betrifft. Wenn ich im folgenden nicht *Fromm* sondern *Schmidbauer* in den Vordergrund stelle, dann weil Letzterer das bei *Fromm* vorformulierte »Bedürfnis nach Verbundenheit mit der ganzen Welt« konkreter bestimmt, indem er die genuine Gruppenbezogenheit und damit den Menschen – wie auch *Fromm* – als soziales Wesen untersucht. Ich bin nicht der Meinung, daß *Schmidbauer* den »Stachel der psychoanalytischen Theorie« (*Adorno*) grundsätzlich aufgibt. Er faßt ihn nur anders, und zwar als gesellschaftlichen Widerspruch zwischen den Bedingungen der biologischen und kulturellen Evolution. Dieser Widerspruch wird wie bei *Freud* zur Ursache neurotischer und pathologischer Fehlentwicklungen, die sich auch therapeutisch nicht aufheben lassen, sondern bestenfalls vom »außergewöhnlichen Leid in allgemeines Leid« (*Freud*) verwandelt werden können.

Die Revision seines psychoanalytischen Ich-Begriffs sucht *Schmidbauer* (1978) über zwei Zugänge:
1. Die phylogenetische Entwicklung des Menschen in seiner Gruppenbezogenheit und
2. über die Kritik an *Hartmann*s Ich-Psychologie.

So leitet er aufgrund evolutionstheoretischer Studien ab, daß nicht das triebhafte, kulturfeindliche Es, wie *Freud*[34] es beschrieb, am Beginn der kindlichen Entwicklung (Ontogenese) steht, sondern ein der Welt freundlich zugewandtes Ich, welches von Geburt an mit sinnvollen Antriebs- und Organisationsmechanismen ausgestattet ist. Das Neugeborene verhält sich nicht passiv: Es greift aktiv gestaltend in seine Umwelt ein und entwickelt sich entlang den psychischen Möglichkeiten seiner Bezugsgruppe. Der Mensch ist also weder eine Tabula rasa, nur ein Abbild seiner Umwelt, noch ein Wesen mit festgelegten Charaktereigenschaften.

Wie auch der Ethnoanalytiker *Parin* (1972) trifft *Schmidbauer* eine Unterscheidung in biologische und kulturelle Evolution. Im Prozeß der biologischen Evolution formten sich in einem jahrtausendelangen Prozeß die spezifisch-menschlichen genetischen Erbanlagen heraus. So entstand das Großhirn in einer früheren Phase der evolutionären Entwicklung der Säugetiere und vergrößerte sich in der Entwicklung hin zur Gattung Mensch mit großer Geschwindigkeit. Diese Entwicklungssprünge und die Entwicklungsgeschwindigkeit waren in der Geschichte der Evolution sicherlich ohne Beispiel. Jedoch hat sich die biologische Evolution seit rund 50000 Jahren enorm verlangsamt. Die spezifisch menschlichen genetischen Anlagen bilden nach wie vor die biologische Grundlage jeglichen menschlichen Daseins.

Die kulturelle Evolution – oder die »soziale Evolution«, wie *Eder* (1977, 501) sie nennt – bezeichnet den Wandel der gesellschaftlichen Formen, in denen die Menschen zusammenleben und ihr Dasein organisieren.

Der Mensch unterscheidet sich vom Tier im wesentlichen durch sein ungeheuer riesiges Repertoire an offenen Lernmöglichkeiten. Dies macht ihn aber gleichzeitig auch so abhängig von seiner Primärgruppe, durch die er erst überlebenswichtige Erfahrungen vermittelt bekommen kann. Während das Tier also durch angeborene Instinkte umfassend determiniert ist, konnte der Mensch in der Phylogenese diese starren Steuerungsreflexe zunehmend aufgeben, weil die verlorengegangenen instinkthaften Orientierungsmuster durch die Eingebundenheit in eine soziale Gruppe wieder ausgeglichen werden konnten.

Die umgebende Gruppe des Menschen muß also diese Steuerungs- und Orientierungsfunktionen übernehmen. So ist die phylogenetische Entwicklung zur menschlichen Spezifik unabdingbar an die kognitive und emotionale Fähigkeit zur Gruppenbezogenheit gebunden. In dieser Fähigkeit zur Gruppenbezogenheit sieht *Schmidbauer* den entscheidenden Grundmechanismus der Menschwerdung überhaupt. Durch diesen Denkansatz hebt sich *Schmidbauer* positiv von den Gruppentheoretikern ab, die die *Gruppe* nicht als Voraussetzung menschlicher Entwicklung sehen. Allerdings geht er nicht auf die zentrale Bedeutung der Arbeit ein, die in der Phylogenese des Menschen erst Bewußtsein und Sprache als wesentliche Unterscheidungskriterien zum Tier ermöglichte. Während in der »biologischen Evolution« also die starren Steuerreflexe aufgegeben wurden zugunsten einer primären Gruppenbezogenheit, so umfaßt die »kulturelle Evolution« alle sozialen und sich verändernden Gruppenkonstellationen, deren Produkt wir als Kultur bezeichnen. Wie schon *Foulkes* (1974) hält auch *Schmidbauer* es für sinnvoll, daß *Darwin*sche Evolutionsgesetz der Selektion prinzipiell auf Gruppen anstatt auf das Individuum anzuwenden. Ganz bestimmte, überlebensbegünstigende Verhaltensweisen der Menschen eines Kulturkreises und einer Kulturepoche konnten sich durch eine sozial-kulturelle Auslese durchsetzen, während andere Gruppen untergingen. »Innerhalb der zahlreichen, kleinen Gruppen schweifender Jäger und Sammler überlebten jene Kulturen mit einer sozialen Struktur, Kommunikationsfähigkeit und eng mit der sprachlichen Kommunikation verbunden – Einsichtsbereitschaft, die sie als Gruppe bzw. Kultur vielleicht nur um einen winzigen Vorsprung erfolgreicher und lebenstüchtiger machte als andere Kulturen« (*Schmidbauer* 1978, 18).

Am Beispiel der Herausbildung der Über-Ich-Entwicklung in unterschiedlichen Perioden der Evolutionsgeschichte des Menschen soll dies an späterer Stelle illustrierend verdeutlicht werden. Denn durch die historisch-gesellschaftliche Veränderung der Gruppenstrukturen modifizierte sich natürlich auch die Vergesellschaftung des Einzelnen.

Diese Auswirkungen lassen sich gut an der sich wandelnden psychischen Struktur ablesen, sofern die Rekonstruktion aufgrund des Materials überhaupt möglich ist.

Den zweiten Zugang, den Ich-Begriff neu zu fassen, wählt *Schmidbauer* über die kritische Auseinandersetzung mit *Freud* und den psychoanalytischen Ich-Psychologen (*Hartmann* 1972). *Hartmann* und die New Yorker Schule der Ich-Psychologie versuchten *Freuds* Ich-Begriff positiv zu erweitern.

Für *Freud* war das Ich eine Instanz im innerpsychischen Apparat ohne eigentliche Autonomie, da dem Ich keine eigenen Energien zur Verfügung stehen. In der Entwicklung des Kindes bildet das Ich sich demnach erst sekundär aus der Randzone des Es heraus. Dem somit abhängigen und relativ schwachen Ich kommt in diesem Denkmodell die Aufgabe zu, zwischen enormen, maßlosen Triebwünschen des Es und den strengen Über-Ich-Anforderungen »realitätsgerecht« zu vermitteln. Seine dazu erforderlichen Energien sollte das Ich bei *Freud* vom Es erhalten und konnte deshalb nicht über eigene energetische Kraft verfügen. (Daß die schwache Ausstattung des Ich bei *Freud* gleichzeitig eine radikale Kulturkritik an der bürgerlichen Gesellschaft bedeutete, weil sie dem aufklärerischen Ideal der Ich-Autonomie zentral entgegenläuft, hat der Historiker *Jacoby* in einer schonungslosen Kritik an den *Freud*-Nachfolgern deutlich gemacht.)

Hartmann und seine Anhänger nahmen als erste eine »konfliktfreie Sphäre« des Ich an. Funktionen wie Wahrnehmung, Gedächtnis, Motorik und Reizschutz machen demnach die »Autonomie des Ich« aus. Diese Ich-Funktionen entwickeln sich auch ohne Triebkräfte aus dem Es. Kritisiert wird *Hartmannn* durch *Schmidbauer* an dieser Stelle, weil die Frage, woher das Ich denn nun seine Energien bezieht, nach wie vor das *Freud*sche Instanzenmodell auf den Plan ruft. Triebe aus dem Es werden bei *Hartmann* in Form desexualisierter Energie dem Ich zur Verfügung gestellt.

»Neutralisation« nennt *Hartmann* diesen Umwandlungsprozeß von triebhafter Energie aus dem Es in enttrieblichte Ich-Energie.[35] Trotz der Betonung größerer Ich-Autonomie als Anpassungsleistung des Ich an die soziale Umwelt bleibt *Hartmann*s Auffassung letztendlich eine modifizierte Theorie *Freud*scher Trieblehre mit einer prinzipiellen Feindlichkeit zwischen Ich und Es.

Die zentrale Frage nach der Energie des primären Ich, wie *Schmidbauer* es formuliert, beantwortet er mit seinem Modell der energetischen Ich-Funktionen. Er stellt sich das Neugeborene schon von Anfang an mit angeborenen Ich-Energien ausgestattet vor. Diese

Ich-Energien sind denkbar als übriggebliebene Reflexe durch den biologischen Evolutionsprozeß.[36] Sie bilden sozusagen den Grundstock jeder Entwicklung (Ontogenese).

Im Gegensatz zu *Freud* siedelt *Schmidbauer* also das Energie-Reservoir nicht im Unbewußten, im Es, an, sondern im Ich als Folge eines langen Umwandlungsprozesses vom Tier zum Menschen. Diese angeborene, minimale, biologisch festgelegte, reflexhafte Ausstattung des Neugeborenen dient als Motor seiner persönlichen Entwicklungsgeschichte und zwar in dem Maße, wie sie durch die jeweils umgebende Gruppe/Umwelt gefördert wird.

Dieser Prozeß beginnt mit ziemlicher Sicherheit bereits im pränatalen Stadium. Hier findet schon die erste gesellschaftliche Formung der anlagebedingten biologischen Reflexe statt, die deshalb immer kulturell überformt sein werden. Späterhin können wir uns das jeweilige individuelle Energiebasispotential als das Produkt der verinnerlichten Primärgruppendynamik vorstellen.

Aus methodischen Gründen unterscheidet *Schmidbauer* drei Formen von energetischen Ich-Funktionen, aus denen sich das angeborene Entwicklungspotential zusammensetzt:
a) energetische Ich-Funktion der körperlichen Bedürfnisse
b) energetische Ich-Funktion der Neugier-Aktivität
c) energetische Ich-Funktion der Sozialität und Sexualität

a) Energetische Ich-Funktion der körperlichen Bedürfnisse
Angeborene Energien sind als ein »Ich« vorhanden, um körperbezogene, existentiell bedrohliche Spannungszustände wie Hunger, Durst, Atmung, Wärme und Kälte auszugleichen. Ist der Mensch z. B. von Hunger bedroht, wird er seine volle Energie auf die Reduzierung dieses Mangelzustandes richten.

b) Energetische Ich-Funktion der Neugieraktivität
Dieser umfassendste Funktionskreis steht schon dem Neugeborenen unabhängig von körperlichen Empfindungen zur Verfügung. Die Neugieraktivität ist ein primäres, biologisch-menschliches Grundbedürfnis. Schon vom ersten Tage seiner Geburt an saugt, sucht und greift der Säugling. Ohne diese angeborene Fähigkeit wäre er gar nicht in der Lage zu leben. Das Suchen nach der Mutterbrust und das Saugen der Milch sind die ersten sozialen Beziehungen, die das Neugeborene mit seiner nächsten Umwelt eingeht. *Schmidbauer* steht mit seiner Auffassung von der angeborenen Neugieraktivität in der Tradition älterer Psychoanalytiker. So stellte schon 1918 *Karl Bühler* die »Funktions-

lust« des Kleinkindes heraus, *Adler* (1933, 134) spricht davon, »daß die Neigung zur Kooperation vom ersten Tage an herausgefordert ist« und *Bowlby* (1961a) entdeckte fünf Verhaltensweisen, die der »bindungssuchende« Säugling aktiv in die Interaktion mit seiner Bezugsperson einbringt und die Folge der phylogenetischen Entwicklung sein könnten, nämlich Saugen, Anklammern, mit den Augen folgen, Schreien und Lächeln.

Die ersten Lebensmonate des Neugeborenen sind gekennzeichnet durch das Einssein mit seiner Mutter, verbunden mit dem Gefühl »eines unendlichen Wohlbehagens mit der ganzen Welt«, wie *Argelander* (1972, 25) es nannte. In dieser engen Symbiose von Mutter und Kind ist der Säugling noch völlig undifferenziert mit der Umwelt verbunden, da er noch keine Grenze zwischen Ich und Nicht-Ich ausgebildet hat.[37] Sowohl über die körperliche Ebene als auch rein atmosphärisch – was sich sicherlich gegenseitig bedingt – vermitteln sich Gruppengefühle der Umgebung über die Mutter auf das Kind. Diese atmosphärischen Gruppenspannungen bleiben später ich-haft als vitales Lebensgefühl zurück.

Die Bezugsperson(en) schützen das Kind vor überflutender Angst und stellen so einen wichtigen Reizschutz dar. (Diese Funktion übernimmt idealtypischerweise beim Erwachsenen die Lebensgruppe – und je weniger diese vorhanden ist ein rigides Über-Ich.) Nachhaltig inhaliert das Kind grundlegende Gefühle, die für seine spätere Persönlichkeitsentwicklung eine erste Weichenstellung bedeuten.[38]

Erikson siedelt in dieser Phase die Herausbildung des Urvertrauens oder Urmißtrauens beim Kinde an. Urvertrauen erwirbt das Kind, wenn die Bezugsperson ihm vorhersehbare und zuverlässige angenehme Außenreize spüren lassen kann. Das Urmißtrauen wird das Kind belasten, wenn es Außenwirkungen als wirr und unberechenbar erlebt. Obwohl nach *Winnicott* (1974, 109) oftmals »die Mutter die fördernde Umwelt« für das Kind repräsentiert, hängt es von der gesamten Gruppenatmosphäre und -kultur ab, wie auf die ersten neugierigen Aktivitäten des Kindes eingegangen oder nicht eingegangen wird.

Im Drang, alles erproben und ausführen zu wollen, strebt das Kind unermüdlich und lustvoll nach autonomer Ich-Erfahrung, die liebevoll unterstützt und in ihren Grenzen von den Bezugspersonen akzeptiert werden muß. »Das Kind muß sich sicher sein, daß es akzeptiert bleibt, auch wenn es eigensinnig nimmt und gibt, festhält und exploriert oder kommt und Zärtlichkeiten sucht« (*Schmidbauer* 1978, 139). In dieser Phase findet die Neugieraktivität ihren Höhepunkt. Das berühmt-berüchtigte Trotzalter ist nicht zwangsläufig eine kindliche Entwicklungskrise, sondern als Protest gegen die Einschränkungen zu verstehen.

Diese biologisch, also genetisch verwurzelte Aggression bezeichnet *Fromm* (1974) als »defensive Aggression«, die sich nicht spontan äußert, sondern nur in Situationen, in denen das Individuum sich verteidigen muß gegen die Bedrohung vitaler Lebensinteressen. Hier unterscheidet sich *Fromm* von *Schmidbauer*, wobei dieser meines Erachtens in der Konsequenz zu ähnlichen Ergebnissen kommt: daß nämlich die destruktiven Ausformungen der Aggression – *Fromm* (1974, 488) nennt sie Sadismus und Nekrophilie – zum einen nicht angeboren sind und zum anderen, daß sie in den gegenwärtigen sozio-ökonomischen Bedingungen ihre Ursache haben, die »der Entwicklung menschlicher Eigen-Aktivität und schöpferischer Kraft als Selbstzweck« so wenig Raum zur Entfaltung bieten.

c) Energetische Ich-Funktion der Sexualität und Sozialität
An oberste Stelle rückt *Schmidbauer* die soziale Motivation des Neugeborenen. Denn wenn dieses soziale Kontakt- und Sicherheitsbedürfnis des Kindes nicht ausreichend befriedigt wird, ist kaum Entwicklung möglich. Alle anderen Ich-Funktionen hängen nämlich davon ab, inwieweit dieses Grundbedürfnis von der Primärgruppe getragen wird.

Das Neugeborene kommt mit einigen Reflexen – wie Brustsuche, Saugautomatismus, Schreisignal und Verhaltensweisen wie das sogenannte Kindchenschema – auf die Welt, die das Kontakt- und Sicherheitsbedürfnis der umgebenden Gruppen bzw. der Mutter aktivieren sollen. Allerdings reicht diese primär-energetische Ausstattung bzw. die primäre Liebe des Kindes nicht aus, die fehlende Zuwendung der Bezugspersonen zu ersetzen.

Für eine positive Ich-Entwicklung braucht das Kind eine fortdauernde und beständige Widerspiegelung seines Selbst durch die Erwachsenen, damit es später genügend emotionale Eigenliebe aufbauen kann, um sich in seiner ganzen vollkommenen Existenz zu akzeptieren.

Nur wenn diese widerspiegelnde Zuwendung konstant und verläßlich ist, kann das Individuum ein stabiles inneres Bild von sich aufbauen, das als innere Orientierung und Einschätzung emotionaler Situationen bedeutsam ist. In lebensbegleitenden dauerhaften Gruppenkonstellationen wird diese Spiegelung immer die gleiche sein. Trennungen oder Verluste naher Bezugspersonen bringt die Ausbildung dieses inneren Selbstbildes nicht sofort in Gefahr. *König* (1981) spricht hier davon, daß nichtstabile verinnerlichte Objektpräsentationen zu schweren Selbstzweifeln führen. Bei wechselnden Gruppenerfahrungen und wenigen Beziehungspersonen obendrein, wie in unserer

Gesellschaft, ist die Ausbildung eines solchen inneren Bildes jedoch ständig in Gefahr.[39] Die in der neuen Literatur ausführlich beschriebene Narzißmus-Problematik mag hier teilweise ihre Begründung finden.[40]

Ständig wechselnde Gruppen mit unterschiedlichen Spiegelbotschaften führen zu ständiger Erschütterung des Selbstbildes und verlangen nach grenzenloser narzißtischer Bestätigung, die nie ausreicht, das Bild zu schließen, da auch die Zugehörigkeit zu ständig wechselnden Gruppen »grenzenlos« ist. Umgekehrt hieße das, daß Narzißmushunger sich in geschlossenen Gruppenkonstellationen – wie den archaischen der Sammler und Jäger – gar nicht entfesseln kann.

Fassen wir zusammen: *Die Ontogenese ist ein dynamisches Wechselspiel zwischen Neugeborenem, ausgestattet mit seinen biologischen energetischen Ich-Funktionen, und der umgebenden Primärgruppe. In diesem dialektischen Prozeß strukturieren sich die Ich-Funktionen, in denen die lebensgeschichtlich wichtigen Primärgruppenerfahrungen des Kindes ihren dauerhaften Niederschlag finden.*

Jede neue Lebenserfahrung des Kindes findet auf der vorangegangenen verinnerlichten Ich-Erfahrung ihre Basis zur Weiterentwicklung. Von der Erlebnisfähigkeit und Entwicklungsfähigkeit der Primärgruppe, in der das Kind aufwächst, hängt es ab, wie sich das Kind verwirklichen und ausdrücken lernt. Die von der Primärgruppe nicht geförderten, unterdrückten, potentiell entwicklungsfähigen Ich-Bereiche konstituieren sich in *Schmidbauer*s Konzept nun als das Es. Das Es ist hier also sekundär und beinhaltet die nichtrealisierten Entwicklungsmöglichkeiten, die entweder auf einer frühen Stufe abgespalten, verleugnet oder später verdrängt werden, um die Liebe und Zuneigung der Bezugsgruppe nicht zu gefährden.

Das Individuum entwickelt sich somit immer entlang den psychischen Grenzen seiner Primärgruppe und nimmt deren Grenzen in Form von Ambivalenzen, Spaltung usw. in die eigene Psyche auf. Oder wie *Bernfeld* (1925/1969, 50) es schon vor 60 Jahren formulierte: »Die Kindheit verläuft als Resultat der angeborenen Reaktionstendenzen und -weisen auf die vorgefundenen konkreten, zufälligen und allgemeinen Lebensumstände.«

Somit ist individuelles Verhalten nie ohne seinen je konkreten Gruppenkontext zu verstehen.[41] Krankheit im Sinne »psychischer Störung« ist deshalb z. B. immer Resultat eines sehr komplexen gruppendynamischen Geschehens.

4. Vom Gruppen-Ich zum Über-Ich

In der biologischen Evolution haben sich in einem unendlich langwierigen Prozeß die genetischen Anlagen des Menschen herausgebildet. Sie stehen nach wie vor am Beginn jeder individuellen Entwicklung (Ontogenese). Mit *Schmidbauer* konnten wir zeigen, daß sich die psychischen Strukturen in der Interaktion energetischer Ich-Funktionen und umgebender Primärgruppe entwickelten und differenzierten. Kulturell lassen sich dabei zwei historische Epochen abgrenzen: Die frühe Kultur der Sammler und Jäger und die relativ junge Periode nach der neolithischen Revolution – der Gründung der Städte nach der Seßhaftwerdung.

Diese Einteilung läßt sich gruppenanalytisch begründen: *Je mehr sich ein Sozialwesen differenziert, desto mehr muß sich das einzelne Mitglied an Steuerungs- und Orientierungsvermögen im Sozialisationsprozeß aneignen.* Die psychische Struktur verengt sich vom Gruppen-Ich zum Über-Ich, wie zu zeigen sein wird.

Bevor wir mit der entwicklungsgeschichtlichen Ableitung beginnen, erscheint mir an dieser Stelle noch ein notwendiger Hinweis zum methodischen Vorgehen angebracht.

Wir stoßen hier nämlich auf ein altes Problem: Mit dem Wunsch nach Orientierung – besonders der Intellektuellen – wird auf Gruppen zurückgegriffen, von denen man annimmt, daß sie die »*wahren Bedürfnisse*« besser repräsentieren. In unserer jüngsten Vergangenheit zeigte sich dies meines Erachtens an der Identifizierung der aufgeschlossenen Intelligenz mit der Arbeiterklasse; nach entsprechender Ernüchterung fand eine breitere Hinwendung zur Dritten Welt statt, später zu den sogenannten Naturvölkern, in deren »Unzivilisiertheit« man Reste ungebrochener Menschlichkeit zu entdecken hoffte. Zur Zeit kann man geradezu von einer Fetischisierung des Körpers sprechen, wo man die eigenen Bedürfnisse, das wahre Selbst, glaubt entdecken zu können.

Ich hatte selbst lange Zeit die Illusion oder Hoffnung, daß Einsamkeitsgefühle ausschließlich auf dem Boden kapitalistischer Arbeitsteilung wachsen. Nach einer Chinareise sah ich im dortigen System der »Einheit« eine Möglichkeit des Gruppenlebens, das ausreichend Schutz und Geborgenheit bietet (vgl. *Pühl* 1980). Heute bin ich mir unsicher, ob ich überhaupt etwas von dieser fremden Kultur verstanden habe.

Wenn ich hier auf die Sammler und Jäger eingehe, dann hoffe ich, einer vergleichbaren Idealisierung nicht zu erliegen.

1. Epoche: Sammler und Jäger

Ethnologische Untersuchungen haben gezeigt, daß sich diese frühe Kulturform durch eine gleichberechtigte soziale Gruppenstruktur auszeichnet. Da die Gruppen umherzogen, umfaßten sie selten mehr als 20 bis 100 Menschen, die sich statusmäßig nicht über- oder unterlegen waren. *Schmidbauer* (1978, 71) schreibt dazu: »Die soziale Organisation der altsteinzeitlichen Kulturen ist nicht hierarchisch, sondern egalitär. Es gibt keine dauernden Führer, die absolute Autorität beanspruchen können, sondern nur sachbezogene Autorität, die auf besondere Fähigkeiten (etwa in der Jagd oder in schamanischen Praktiken) oder Erfahrungen beruht. Da Jäger und Sammler die örtlichen Nahrungsquellen rasch erschöpfen, sind sie zu ständigem Umherziehen gezwungen. Unter diesen Umständen ist Besitz vor allem eine Last; niemand kann mehr besitzen, als er tragen will. Das persönliche Eigentum war deshalb während der weit überwiegenden Zeit der menschlichen Evolution auf ein Minimum beschränkt, das wohl gleichzeitig auch das Optimum darstellt.«

Die Kinder werden durch die gesamte Gruppe erzogen; so sucht sich schon das Kleinkind neben der eigenen Mutter liebevolle Zuwendung und Befriedigung seines Saugbedürfnisses bei anderen stillenden Müttern. Trotz einer schwächeren Bindung an die leibliche Mutter stellt die Ablösung nach *Schmidbauer* für das Kind auch hier die erste Konfliktsituation dar. Hier kann aber noch keinesfalls von einem Ödipuskomplex gesprochen werden. Die Kastrationsangst durch die Eltern würde auch nicht fruchten, da nach der Trennung von der Mutter dem Kind alle Mitglieder der Gruppe selbstverständlich, liebevoll und schützend zur Verfügung stehen. In dieser Identifikation mit der gesamten Gemeinschaft bildet das Kind ein *Gruppen-Ich* heraus. Weil alle »Personen der Umwelt die gleichen identifikatorischen Möglichkeiten und Bedürfnisse haben«, übernimmt das Gruppengewissen die Funktion des uns bekannten Ich (*Parin* 1972, 184).

Die Tätigkeit des Sammelns und Jagens bestimmte die weitaus längste, kontinuierliche Periode kultureller Evolution. Schätzungsweise 70 000 Jahre lebten die Menschen in solch kleinen, überschaubaren Gruppen zusammen, die wiederum in größeren, lockeren Gruppenverbänden zusammengeschlossen waren. Ansprüche auf feste Gebiete gab es genausowenig wie Besitz.[42]

De Vore (1974) schließt aufgrund von Beobachtungen bei Buschmännern, daß Spannungen in der Gruppe gelöst wurden, indem man von einer Gruppe in die andere wechselte. Einzelgänger gab es nicht, denn nur die Gruppe bot Schutz und Sicherheit vor Gefahren. Den Übergang zu beständigen Gruppenbildungen erklärt *De Vore* durch die Veränderung der ökologischen Lebensbasis. Das Leben in der Savanne beispielsweise setzte andere Bezüge voraus. Da die Quellen für Nahrung und Wasser weit auseinander lagen, nahm die Bevölkerungsdichte insgesamt ab, das spontane Wechseln von einer in die andere Gruppe wurde schwieriger.

Für das Aggressionsproblem könnte dies bedeutsam gewesen sein, denn mit der Seßhaftwerdung, der Territorialgebundenheit, war ein leichtes Ausweichen durch den Übertritt in eine andere Gruppe nicht mehr ohne weiteres möglich. *Erdheim* (1984, 240)[43] vermutet, daß in archaischen Kulturen Spannungen aufgrund sozialer Unterschiede durch Initiationsriten kompensiert wurden. Da die Initiationsriten eigentlich mit viel Qualen und Schmerzen verbunden waren, können wir vermuten, daß hier in einem gruppenbezogenen Akt Ängste symbolhaft kollektiviert wurden. Die Initianten wurden – oft unter Todesandrohung – gezwungen, ihre Ängste nicht zu äußern.

In diesen Riten, die für den Betroffenen wie für die gesamte Gruppe einen kulturellen Höhepunkt darstellten, findet meines Erachtens eine gemeinschaftliche Angstbewältigung statt. Während ein Gruppenmitglied für eine kurze Zeit ein hohes Maß an Angst (er-)trägt, erlebt die Gruppe quasi einen angstbefreiten Raum, weil der Initiant die Grenze zwischen Gruppe und äußerer, bedrohlicher Umwelt symbolisch markiert und neuerlich stabilisiert. Gleichsam verschieben sich individuelle Angstgrenzen auf die Gruppe als Ganzes, weil die Gruppe für den Einzelnen sorgt; Regression ohne Angst vor Kontrollverlust und psychischer Ausbeutung sind gefahrlos möglich. Dadurch bleiben, wie *Erdheim* betont, auch die Alten in diesen Gesellschaften jung, wie die Gesellschaft überhaupt: »Solche Kulturen altern, aber sterben nicht.«

Der Hinweis auf die Initiationsriten scheint mir bedeutungsvoll, da er augenfällig darüber Aufschluß gibt, daß das Problem der Angst und Angstbewältigung ein grundsätzliches ist. Es hilft, die archaischen Kulturen nicht durch eine rosa-rote Brille zu sehen, die in harmonischem Austausch mit der Natur lebten. Die Angst, die die Initianten begleitete, muß eine latente sein, die sich hier manifestiert und rituell-kollektiv »überwunden« wird.

Die Gruppen, die ökonomisch gezwungen waren, sich territorial zu binden, vollzogen eine andere Entwicklung als die umherziehenden Sammler- und Jäger-Gruppen. Die Territorialität grenzte den Lebensraum zwar ein, bot aber andererseits Vergünstigungen in der Lebenssicherung. Anstatt Tiere zu jagen und sofort verzehren zu müssen, konnte man sie fangen und nach Bedarf den Verzehr planen. Die Anpflanzung und Ernte von Früchten wurde ebenso möglich und stellte neue Freiheiten und Unabhängigkeiten dar.

Während es in den umherziehenden Urgesellschaften noch keine Arbeit im Sinne nichtentfremdeter Tätigkeit gab und sie damals auch »keines Zwanges, keiner Vorschrift von außen, keines übergeordneten, die subjektive Spontaneität ausschließenden Plans« (*Kofler* 1977, 56) bedurften, bildeten sich auf der Grundlage der Territorialität Ansätze einer Differenzierung heraus, mit der erste Formen der Arbeitsteilung sich dauerhaft durchsetzten und vorausplanende Lebenssicherung nötig wurde.

Der Gebrauch von Werkzeug mußte zur Beschaffung der Lebensmittel intensiver eingesetzt und weiterentwickelt werden. Jahrtausendelang reichte der Faustkeil als universelles Werkzeug aus, erst mit der intensiveren Ausbeutung und Ausnutzung der näheren Umgebung waren differenzierte Werkzeuge erforderlich.

Der Gedanke liegt nahe, daß diese neue Territorialität phylogenetisch gesehen ein Rückschritt war. Denn wie wir mit *Holzkamp-Osterkamp* gesehen haben, war die qualitative Weiterentwicklung des Menschen gerade dadurch begünstigt, daß er gezwungen war, sich aus der territorialen Gebundenheit zu lösen und neue Lebensräume über die Fähigkeit des Neugierverhaltens und der Angstbereitschaft zu erschließen.

Wenn *Schmidbauer* annimmt, daß die kulturellen Bedingungen, die die phylogenetische Entwicklung an das Gemeinwesen stellt, in den Sammler- und Jäger-Kulturen optimal gegeben waren (etwa 99 % unserer bisherigen Entwicklungsgeschichte lebten die Menschen in solchen Formen), da die Menschen in einer überschaubaren, egalitären Gruppe über lebenslange identifikatorische Prozesse ein konstantes Gruppen-Ich herausbilden konnten, so muß man natürlich fragen, welches die Prämien waren, die die Menschen neben den ökonomischen und ökologischen Notwendigkeiten veranlaßten, diese »heile Welt« zu verlassen.

Sicherlich bot die Territorialität, die Seßhaftigkeit, wichtige Selektionsvorteile, ohne die sie sich nicht hätte durchsetzen können. Die zunehmende Unabhängigkeit von der täglichen Nahrungssuche haben wir schon genannt. Auch die Versorgung der Kranken, Pflegebedürftigen und Alten war unter Bedingungen lokaler räumlicher Mobilität nicht denkbar.

2. Epoche: Neolithische Revolution

Die kulturelle Entwicklung nach der neolithischen Revolution, etwa 4000–6000 Jahren v. Chr., ist gekennzeichnet durch eine zunehmende Differenzierung des Gemeinwesens. Ermöglicht wurde dieser Prozeß durch die Seßhaftigkeit und die Gründung von Dörfern, später Städten. Ackerbau, Vorratswirtschaft und Viehzucht bildeten zwar die ökonomische Grundlage dafür, erstmals Besitz anhäufen und durch Erbschaft erhalten und vermehren zu können, dem voraus muß aber eine gesellschaftliche Arbeitsteilung und damit die Teilung der Mitglieder einer Gesellschaft gegangen sein. Erste Formen differenzierter Fähigkeiten haben sich sicherlich schon mit der Seßhaftwerdung vollzogen; einige Gesellschaftsmitglieder entwickelten spezielle Fähigkeiten in der Jagd, andere in der Tierhaltung, wiederum andere im Anbau von Gräsern. Die unterschiedlichen Aufgaben waren hingegen nicht endgültig festgelegt, jeder konnte noch alles lernen und überblicken, vor allem aber stellte das Gemeinwesen noch eine Produktionseinheit dar.

Erst mit zunehmender Vergrößerung der Gemeinschaft und dem langsamen Übergang vom Leben auf dem Land zum Leben in der Stadt vollzog sich die erste entscheidende Teilung, da Produkte zwischen den Regionen nunmehr getauscht werden mußten. Die zweite grundlegende Trennung geht damit einher und ist die zwischen Landwirtschaft und Handwerk. Dadurch, daß ein Teil der Bevölkerung sich von gewissen Arbeiten befreien und sich einer spezialisierten Tätigkeit zuwenden konnte, war es möglich, die Produkte dann gegen ein Mehr an anderen Produkten zu tauschen. Die Entstehung eines Surplus an Reichtum wurde möglich und bildete wesentlich die Grundlage zur Entstehung von Klassengesellschaften (vgl. auch *Eder* 1973, 26 ff).

Soziale Unterschiede beginnen sich über die arbeitsteilige Wirtschaftsweise herauszukristallisieren. Die sich differenzierenden Bedingungen des Zusammenlebens gingen mit dem Verlust der bewährten egalitären Gruppenstruktur einher. Im individuellen Vergesellschaftungsprozeß mußte das Kind in seiner Ontogenese nun auch die sozialen Unterschiede internalisieren. Der identifikatorische Bezugsrahmen grenzte sich für den Einzelnen im Prozeß der kulturellen Evolution immer mehr ein. Das bedeutete das Ende der totalen Eingebundenheit in ein Gemeinwesen und den Beginn der Über-Ich-Entwicklung, »denn mit dem Verlust der egalitären Struktur müssen auch soziale Unterschiede verinnerlicht werden« (*Schmidbauer* 1978, 72).

Nun vollzog sich die Ausbildung eines Über-Ich im *Freud*schen Sinne sicherlich nicht so rasch. Eine Vorstufe war die Großgemeinschaft der Sippe. Diese noch große, aber trotzdem überschaubare Gruppe des Gemeinwesens stand nach der Seßhaftigkeit am Beginn der kulturellen Evolution. Sie bot dem Kind noch relativ breiten Entwicklungs- und Aktivitätsraum, konnte aber, wie *Schmidbauer* (1974, 337) vermutet, nicht zum Träger der Kultur schlechthin werden, sondern nur »zum Träger spezifischer Interessen in einer Gesellschaft, die zwar nach außen eine mehr oder minder geschlossene Front bildete, jedoch nach innen nicht mehr einheitlich war, sondern Klassen und Familieninteressen kannte«. (Dieses gruppenbezogene Über-Ich nennt *Parin* das »Gruppengewissen«, denn es repräsentiert die Verinnerlichung sozialer und ethischer Normen, die von einer Gruppe getragen werden.)

Hier genau läßt sich *Erdheim* (1984) einfügen, der jüngst den bemerkenswerten Versuch unternahm, das Es und das Unbewußte im Kraftfeld der für eine Gesellschaft typischen Herrschaftsstrukturen zu untersuchen. Die gesellschaftliche Produktion von Unbewußtheit geht danach einher mit dem Schritt zur Klassengesellschaft. »Was man in einer Gesellschaft nicht wissen darf, weil es die Ausübung von Herrschaft stört, muß unbewußt gemacht werden« (*Erdheim* 1984, 38).

Unbewußt muß all das werden, was die Stabilität der Kultur bedrohen könnte, und das sind all die Strebungen, die sich gegen ungleiche Bedingungen richten. Da die aggressiven Impulse gegen die Priviligierten nicht ins Bewußtsein drängen durften, solange sie nicht umsetzbar waren, mußten sie verdrängt werden. Kriege und Religionen waren die Institutionen, die diese Unterdrückung gewaltsam umsetzten.[44]

Erinnern wir uns an *Schmidbauer*s Revision des *Freud*schen Triebbegriffs: Auch hier wird das Unbewußte als sekundäres Produkt gesehen, das sich in dem Maße entwickelt, wie die potentiellen Entwicklungsmöglichkeiten des Ich nicht durch das Gemeinwesen gefördert werden können. *Schmidbauer* und *Erdheim* liegen hier durchaus auf derselben Ebene, wenn sie *Freud*s Es-Begriff wegen seiner zeit- und raumlosen Dimension ablehnen und statt dessen nach Erklärungen suchen, die das Unbewußte im Kontext der sozialen Evolution verstehbar werden lassen.

Die fortgeschrittene Epoche nach der neolithischen Revolution zeichnet sich durch Städtegründungen seit dem 11. Jahrhundert aus. Das aufsteigende Bürgertum ist durch Handel und Profitanhäufung zu Macht und Einfluß gelangt und kann eigene sogenannte »Bürgerrechte« durchsetzen. Diese haben endgültig keinen kollektiven Charakter mehr, sondern schützen individuelle Rechte. Geschichtlich läßt sich erstmals Individualität in unserem heutigen Verständnis ausmachen. *Reiche* (1972) fand heraus, daß in dieser Zeit erstmals das Ideal des bürgerlichen, starken Ich in Gedichten und Romanen auftauchte. *Fromm* (1941, 42) beschreibt den Übergang von der mittelalterlichen zur kapitalistischen Gesellschaft folgendermaßen: »Der Italiener der Renaissance wurde (...) das erste Individuum.« Seit dem 12. Jahrhundert verlor im heutigen Italien das feudale Ständesystem an Bedeutung, die Standesunterschiede begannen sich durch vermehrten Handel und gesellschaftlichen Reichtum zu verwischen, in den Städten bildete sich eine breite Masse ausgebeuteter und politisch unterdrückter Arbeiter heraus. Dieser geschichtliche Übergang ist deshalb von herausragender Brisanz, da die bis dahin relativ festgefügten Strukturen, die dem Einzelnen von Geburt an einen festen Platz im Sozialgefüge zuwiesen, sich aufzulösen begannen. »Das Volk, das am Reichtum und an der Macht der herrschenden Gruppe keinen Anteil hatte, hatte die Sicherheit seines früheren Status verloren und war zu einer gestaltlosen Masse geworden, der man schmeichelte oder die man mit Drohungen einschüchterte, die aber stets von denen, die an der Macht waren, manipuliert und ausgebeutet wurde (...) Freiheit und Tyrannei, Individualität und Orientierungslosigkeit waren unentwirrbar verwoben. Die Renaissance war keine Kultur von kleinen Geschäftsleuten und Kleinbürgern, sondern eine Kultur reicher Adeliger und Großbürger (...) Der Einzelne war von einer leidenschaftlichen Egozentrik, von einer unersättlichen Gier nach Macht und Besitz erfüllt. Die Folge war, daß auch die Beziehung des Erfolgreichen zu seinem Selbst, sein Gefühl der Sicherheit und sein Selbstvertrauen vergiftet wurden. (...) Die Freiheit scheint ihnen zweierlei eingebracht zu haben: ein wachsendes Gefühl der Stärke und als Folge von all dem – Angst« (*Fromm* 1941, 44f.)

In Deutschland vollzog sich der Übergang von der mittelalterlichen zur kapitalistischen Gesellschaft später und anders als *Fromm* ihn beschreibt. Erst im 15./16. Jahrhundert beginnen Handel und Handwerk zu expandieren. Während anfangs noch die Tugend der Tüchtigkeit galt und das Streben nach übermäßigem Gewinn und Besitz als Habsucht gegeißelt wurde, dehnten sich Handel und Zunftwesen immer schneller aus und sprengten so die den Einzelnen schützenden Strukturen. Gleichzeitig befreite ihn dies von der Bevormundung durch das kooperative System und ermöglichte ihm auf eigenen Füßen zu stehen und so sein Glück zu versuchen. »An diesem Punkt der Entwicklung treten Luthertum und Calvinismus in Erscheinung. Die neuen Glaubenslehren waren keine Religion für die Reichen, sondern für den städtischen Mittelstand, für die Armen in den Städten und für die Bauern. Sie sprachen diese Gruppen an, weil die einem neuen Freiheits- und Unabhängigkeitsgefühl ebenso Ausdruck verliehen wie dem Gefühl der Ohnmacht und Angst, das ihre Anhänger erfüllte. Aber die neuen Lehren verliehen nicht nur den Gefühlen Ausdruck, die durch die veränderte Wirtschaftsordnung erzeugt worden waren. Sie verstärkten die Gefühle noch, boten aber zugleich Lösungen an, welche die Einzelnen in die Lage versetzten, mit einer sonst unerträglichen Unsicherheit fertigzuwerden« (*Fromm* 1941, 56). In der völligen Unterwerfung unter einen Gott, der einen liebt, sah Luther – und auch Calvin – einen Weg, wie der Einzelne mit seinen Ängsten, Zweifeln und dem Gefühl der Ausgeliefertheit fertigwerden konnte.[45]

Unter dem zunehmenden Konkurrenzdruck durch Handel und Handwerk differenzierten sich die gesellschaftlichen Funktionen mehr und mehr. Je ansehnlicher die Macht und der Einfluß, desto höher der »Zwang zur Selbstregulierung«, wie *Elias* den Beginn der Zivilisation als Ummodellierung des Triebverhaltens beschreibt. Planung und Vorsorge müssen unter diesen Bedingungen der Kontrolle und Eindämmung von Affekten und Wallungen weichen, um den mühsam erreichten Status nicht leichtfertig zu gefährden. So hat im Verlauf der letzten fünfhundert Jahre ein tiefgreifender Wandel in der »sozialen Modellierung« der Affekte, der vitalen Bedürfnisse und der körperlichen Funktionen stattgefunden, weil diese nämlich hinter die Kulissen des öffentlichen Lebens geschoben worden sind. Dabei denkt *Elias* etwa an die Privatisierung von Sexualität, Nacktheit, Defäktion, der Körpergeräusche, des Körpergeruchs, also der Trennung zwischen öffentlichem und privatem Bereich.

Historisch gesehen nimmt der zunehmende Zwang zur Selbstregulierung seinen Ausgang zuerst immer bei den gesellschaftlich höheren Schichten und greift dann sozusagen auf die unteren Schichten über. Die ökonomische Situation ist keinesfalls stabil, das Bürgertum erstarkt, und das soziale Gleichgewicht ist in ständiger Bewegung. Der Druck der Konkurrenz wird immer stärker, spielt sich aber zum Teil offen ab. Intrigen und Kämpfe um Worte sind die Mittel, sich den sozialen Erfolg zu erstreiten.[46] Überlegung, Berechnung auf längere Sicht, Selbstbeherrschung, genaueste Planung der eigenen Affekte, Kenntnis der Menschen und des gesamten Terrains werden zu unerläßlichen Voraussetzungen des sozialen Erfolgs. Momentane Affektregungen werden gewissermaßen durch die Angst vor der kommenden Unlust überdeckt und bewältigt. Der Einzelne muß sich selbst gegenüber zunehmend verleugnen, muß gegen seine Gefühle handeln lernen. Kurz, die Angst vor der Unlust wird zur latenten Angst. Wie *Elias* (1982, 372) sagt, »psychologisieren« sich die Beziehungen der Menschen zueinander.

Diese Entwicklung zeigt sich besonders ausgeprägt an den großen absolutistischen Höfen Frankreichs seit dem 17. Jahrhundert.

Die Entwicklung der »Scham« ist die andere Seite der sich herausbildenden Rationalität, die sich ab dem 16. Jahrhundert im Abendland habituell durchsetzt. Das Schamgefühl ist eine gewisse Form der Angst,[47] eine Angst vor sozialer Degradierung bzw. vor den Überlegenheitsgesten anderer, denen man sich nicht durch körperlichen Angriff erwehren kann. Der Erwachsene spürt am auftauchenden Schamgefühl, daß er einen anderen, dem er sich verbunden fühlt oder von dem er abhängig ist, durch sein Handeln verletzen könnte, gleichzeitig kommt der Schamgeängstigte mit seinem Über-Ich in Konflikt. *Elias* (1982, 398) erklärt sich das damit, »daß die Angst vor der Übertretung gesellschaftlicher Verbote um so stärker und ausgesprochener den Charakter der Scham erhält, je stärker durch den Aufbau der Gesellschaft Fremdzwänge in Selbstzwänge umgewandelt werden, und je umfassender, je differenzierter der Ring der Selbstzwänge wird, der sich um das Verhalten der Menschen legt«.

Die Entwicklung der Zeitinstrumente und des Zeitbewußtseins geben ziemlich genauen Überblick über den gesellschaftlichen Stand der Funktionsteilung und damit über das Niveau der Selbstregulierung, das dem Einzelnen auferlegt ist. Interessanterweise war Deutschland hier führend, denn 1510 wurde von *Peter Henlein* in Nürnberg die erste Taschenuhr erfunden. Aber erst im 18. Jahrhundert setzte sich die Uhrzeit als soziale Instanz durch. Sie leitet eine Entwicklung ein, die die radikale Industrialisierung erst ermöglichte und die *Marx* unter anderem dadurch gekennzeichnet sah, daß sich hier geschichtlich die Verausgabung abstrakter Arbeitszeit durchsetzen konnte. In dieser Möglichkeit begründet sich die Produktion von Waren, die *Marx* (1867, 85) als ein »sehr vertracktes Ding, voll metaphysischer Spitzfindigkeiten und theologischer Macken« beschrieb. Diese Vertracktheit sah er darin, daß die Ware, produziert für einen abstrakten Markt, sowohl Gebrauchswert als auch Tauschwert besitzen mußte. Und das Gemeinsame, das die zu tauschende Ware überhaupt erst vergleichbar macht, ist die darin verausgabte menschliche Arbeitskraft, die sich durch die Arbeits-Zeit messen läßt.

Industrielle Produktion, besser kapitalistischer Arbeitsrhythmus, findet so losgelöst vom Erstellungsprozeß des Produktes statt; sie ist nur noch an der Uhrzeit orientiert. Uhrzeit ist nicht mehr an äußere Gegebenheiten gebunden, sondern ist abstrakte Zeit, »gleichförmige, qualitätslose ›Zeit‹« wie *Deutschmann* (1977) feststellt.[48]

Der Prozeß der radikalen Industrialisierung im 18. und 19. Jahrhundert löste schließlich die bürgerliche und agrarische Lebensform auf und erhob die Familie zur »Keimzelle der Gesellschaft«.[49] Zusätzlich durch beruflichen Mobilitätsdruck zerreißen gewachsene Nachbarschaftsbeziehungen. Die Unüberschaubarkeit und Entfremdung des gesellschaftlichen Produktions- und Arbeitsprozesses haben ebenfalls »zur Auflösung der Bande menschlicher Solidarität« beigetragen, wie *Fromm* (1979, 141) formulierte.

Von nun an – so können wir annehmen – vermag sich das Über-Ich als individuelle Vergesellschaftungsform durchzusetzen. Der strenge Vater repräsentiert das gesellschaftliche Leistungsdenken in der familialen Erziehung, Belohnung und Strafe sind die Mittel der Durchsetzung, Angst die Folge der Ausgeliefertheit des Kindes im hierarchisch abgegrenzten Familiengefüge. Die Kastrationsangst und die Identifikation mit dem Angreifer als Abwehrmechanismus führen zur Ausbildung des individuellen Über-Ich als Gewissensinstanz, aus dem das durch mangelnde verinnerlichte Gruppenerfahrungen geschwächte Ich einen Teil seiner Stärke zu ziehen versucht. Die einschränkende Moral der umgebenden familialen Gruppe wird zur Gewissensinstanz, zur Schere im Kopf.

Die Eltern, selbst innerhalb des Sozialwesens isoliert, können dem Kind nach Trennung aus der Symbiose keine anderen identifikatorischen Gruppen zur Verfügung stellen. In der Dichte der Familienbande verklammert, richten sich die Erwartungen der Eltern übermäßig stark auf die Kinder und umgekehrt. Daraus folgert *Schmidbauer* (1978, 139): »Der Ödipuskomplex ist keine (oder zumindest nicht nur) kindliche Phantasie, sondern eine höchst reale Familiendynamik, in dem die Kinder gar nicht selten jene Rolle übernehmen, welche ihnen ihre Eltern unbewußt abverlangen. Häufig sind es auf die eigenen Kinder gerichtete sexuelle Phantasien, in denen sich der Ödipuskomplex der Erwachsenen erneut konkretisiert.« Aus dieser Perspektive hat *Freud* (1904/5, 127 Anm.) natürlich recht, wenn er sagt, »jedem menschlichen Neuankömmling ist die Aufgabe gestellt, den Ödipuskomplex zu bewältigen«.

Besonders auf den Müttern lastet der moralische – und immer häufiger auch der materielle – Druck der Kindererziehung. Trotz ambivalenter Gefühle dem Kind gegenüber lösen die zunehmenden Neugieraktivitäten und Autonomiebestrebungen des Kindes Angst und Unsicherheit bei den Erwachsenen aus. Der für eine gelungene Trennungserfahrung des Kindes erforderliche flexible Umgang mit Distanz – das Kind im entscheidenden Moment loslassen und Annäherungswünsche spüren und annehmen zu können – ist kaum mehr einer Person möglich.

Grundsätzlich fragt *Deutschmann* (1977), ob in kapitalistischen Gesellschaften überhaupt eine gelungene Trennung aus der symbiotischen Beziehung möglich sein kann. Er nimmt nämlich an, daß der qualitätslose Charakter kapitalistischer Warenproduktion, gekennzeichnet durch Gleichförmigkeit und Endlosigkeit (Geld zum Beispiel ist unendlich vermehrbar), sich auch in den menschlichen Beziehungen fortsetzt, ja fortsetzen muß. Eine gelungene Trennung aus der Symbiose als etwas Besonderes, Einmaliges, Abgegrenztes steht somit im krassen Widerspruch zur kapitalistischen Alltags- und Produktionserfahrung.[50] Die inzwischen überall heftig diskutierten narzißtischen Krisen und unerfüllten Bedürfnisse können in diesem Sinne als Ausdruck unbegrenzter, qualitätsloser Erfahrung interpretiert werden.

Die *Endlosigkeit der Bedürfnisbefriedigungsmöglichkeiten* setzt sich auf der individuellen Ebene schließlich in vielfältigen Formen von Süchten durch, mit denen eigentlich jeder in unserer Kultur in irgendeiner Weise persönlich konfrontiert ist. Sucht verstehe ich als Ausdruck eines endlosen, nicht zu befriedigenden Hungers, der, der kapitalistischen Wirtschaftsweise ähnlich, nach ständigem Mehr verlangt.

In dem Maße, wie die umgebende Gruppe keinen emotionalen und realen Schutz gegen äußere Gefahren bieten konnte, je stärker also stabile Gruppenstrukturen in Mosaike zerfielen, desto stärker mußte der Einzelne einen inneren Schutz gegen die Bedrohung aufbauen. So wurde das Ich nicht nur zur »Stätte der Angst«, sondern – damit verbunden – auch der Angstabwehr. *Anna Freud* hat über dieses Thema ein Buch verfaßt, das konsequenterweise das »Ich und die Abwehrmechanismen« heißt. Ein Buch, das nur in der spätbürgerlichen Kultur entstehen konnte und heute vermutlich in asiatischen Ländern auf Unverständnis stoßen dürfte. Je stärker also verläßliche Gruppenbeziehungen durch die kapitalistische Wirtschaftsweise transzendiert und in »soziale Mobilität« verwandelt werden, umso stärker die schützenden Mauern, die jeder in sich aufbauen muß. Diese Mauern – die englische Rockgruppe Pink Floyd hat dies für mich filmisch-musikalisch in »The Wall« sehr eindrucksvoll dargestellt – sind gleichzeitig die engen Grenzen, an die jeder in der scheinbar unendlichen Freiheit ständig stößt und die ihn schließlich zum Sklaven machen. In dem Tempo und dem Ausmaß wie wir unsere Natur mit Beton zugießen und durch Mauern einkasteln, müssen notgedrungen auch die inneren Mauern wachsen, Millimeter für Millimeter, um gegen die bedrohliche Kälte noch wirksam schützen zu können.

Wo Angst nicht fließen kann, wo sie kommunikativ nicht individuenübergreifend, also gruppenbezogen, zugänglich ist, muß sie abgespalten, unter Kontrolle gehalten, versteckt und behütet werden als das Problem eines jeden Einzelnen. Wo die Angst so groß ist, wie beim drohenden ökologischen Zusammenbruch oder einem Atomkrieg, kann sie nur noch verleugnet werden. Ein genetisch sehr früher Abwehrprozeß, dessen abgewehrte Ängste sehr bewußtseinsfern im Verborgenen schlummern und deshalb kaum in konkrete Handlungen umgesetzt werden können.[51] In einer Leistungsgesellschaft, die den Menschen nicht mehr als emotionales Wesen sehen kann, sondern als Ware mit Tauschwerteigenschaften, muß jede Kommunikation, jede Beziehung automatisch Angst machen, weil sie die unterdrückte, latente Angst hervorholen könnte, weil sie den Einzelnen als emotionales Wesen in seiner ganzen Störanfälligkeit zeigen könnte. Wo so viel abgewehrt werden muß, wird das körpereigene Abwehrsystem überlastet bzw. anfällig gegen Erreger und kann sich nicht ausreichend gegen die neuen Volkskrankheiten wie Krebs und AIDS schützen.

»Angst essen Seele auf« (*Faßbinder*) zeigt genau die Richtung an, die die ursprüngliche Neugieraktivität nach innen nimmt und die bis zur Selbstdestruktion alles Soziale zunichte macht, an deren Endpunkt dann Einsamkeit und Tod stehen. Tragischerweise ist *Faßbinder* selbst diesem Zerstörungsprozeß erlegen.

Therapie und Selbsterfahrungsboom sind die systemimmanenten Antworten auf die persönliche Erstarrung und versuchen beim Einzelnen in mühsamer Kleinarbeit durch emotionales Öl die geschlossenen Mauertore wieder etwas in Bewegung zu bringen, damit ein Hauch Sozialität das innere Ich am (Über-)Leben erhalten kann.

Dieser von *Marx* beschriebene »Doppelcharakter der Ware« als Gebrauchswert und Tauschwert wirkt sich in der Zirkulationssphäre auf die Beziehungen unter den Menschen als das Nebeneinander von Gleichgültigkeit und »liebenswürdigem Schein« (*Ottomeyer* 1976) aus. Denn auf der Grundlage des Tauschwertverhältnisses führt die gegenseitige Instrumentalisierung einerseits zur grundlegenden Gleichgültigkeit gegenüber fremden Bedürfnissen und schließt Sympathie und Mitleid erstmal aus; andererseits muß der Warenbesitzer, um seinen Tauschwert zu realisieren, die sinnlichen Bedürfnisse seines Partners berücksichtigen und sich »empathisch« in ihn einfühlen. Das Mitfühlen bleibt unter diesen Bedingungen zwangsläufig äußerlich, verbürgt keine Verläßlichkeit und führt zu Isolation und Verunsicherung.

Einfühlung und Empathie sind deshalb so gefährlich und ängstigend, da sie – wie Emotionen überhaupt – von latent-subversiver Ausbeutung bedroht sind. Keiner kann eigentlich sicher vor dem anderen sein. *Elias* (1982, 373) beschreibt die Auswirkungen dessen folgendermaßen: »Jemand ist Freund oder Feind, jemand ist gut oder böse; und je nachdem, wie man einen anderen sieht, verhält man sich. Es scheint alles direkt auf den empfindenden Menschen bezogen. Daß die Sonne scheint, daß es jetzt gerade blitzt, daß ein anderer lacht oder die Stirn runzelt, alles das appelliert bei diesem Affektaufbau unmittelbar an das Gefühl dessen, der es sieht; und wie es jetzt und hier freundlich oder feindlich für ihn gemeint sei. Es kommt ihm nicht in den Sinn, alles das, einen Blitz, der ihn beinahe trifft, eine Miene, die ihn verletzt, aus fernliegenden Zusammenhängen zu erklären, die unmittelbar gar nichts mit ihm zu tun haben.«

Empathie, also die emotionale Einfühlung in den anderen als Voraussetzung kommunikativer synchroner Interaktion, geht einher mit der Differenzierung sozialisierter Ich-Strukturen. Je mehr sich das ursprüngliche egalitäre Gemeinwesen differenzierte, desto mehr mußten empathische Fähigkeiten sich herausbilden und im individuellen Lernprozeß angeeignet werden. In extrem hochdifferenzierten Gesellschaften schließlich bedarf es geschulter Experten, die als Übersetzer äußerst differenzierter Gefühlszustände und -botschaften ihre Fähigkeiten zur Verfügung stellen: Die sogenannten Helfer mit ihren einseitig ausgebildeten hochsensiblen Antennen sind die neuen Spezialisten für die Dechiffrierung sozialer Interaktion.

Dieser Gedanke beinhaltet darüber hinaus, daß eigentlich per se individuelles Verhalten nicht unverständlich ist, sondern allein aufgrund zunehmender Ich-Differenzierung nicht immer auf adäquate Interaktionsstrukturen stößt. Die Bedeutung von *Gefühlen* hat hier vermutlich ihren geschichtlichen Grund.

Die Reflexion über die sich unter gesellschaftlichen Bedingungen wandelnden Formen von Angst und Angstbewältigung hat mir deutlich gemacht, daß nun eigentlich die *Geschichte der Emotionen* neu zu schreiben wäre. Das, was in unserer technischen Industriekultur heute primäres Anliegen und Dreh- und Angelpunkt aller therapeutischen Bemühungen ist, nämlich über ein neues emotionales Erleben einen Zugang zu sinnstiftenden Beziehungen und eigenen Bedürfnissen zu finden, scheint mir eine ganz neue Kategorie menschlichen Lebens zu sein. Emotionalität scheint mir erst als Ausdruck einer auf das einzelne Individuum verengten Lebensweise einen professionell ausbeutbaren Nährboden zu finden.

III. Analytische Gruppendynamik

1. Foulkes als Wegbereiter

»Die soziale Natur des Menschen ist eine nicht mehr reduzierbare Grundtatsache«, mit diesen Worten von *Foulkes* (1974, 41) können wir das Resümee aus dem vorigen Kapitel ziehen. Daraus folgt logisch eine gruppenbezogene Sicht von Gruppe *und* Einzelnem. *Foulkes* nannte sein daraus entwickeltes Konzept *Gruppenanalyse*. Wenn ich von *analytischer Gruppendynamik* spreche, beziehe ich mich auf dieses Konzept, erweitert durch die Ausführungen im vorigen Kapitel.

Foulkes war der erste Psychoanalytiker, der konsequent die soziale Gruppe, in der er »die menschliche Seele als soziales Phänomen« studieren konnte, in den Mittelpunkt seiner Forschung stellte (1974, 20). Bereits in den dreißiger Jahren suchte er nach praktikablen Wegen, psychisch kranken Menschen anders zu helfen, als es bis dahin therapeutisch üblich war. In der von ihm begründeten Gruppenanalyse sah er die Chance, die noch in *Freuds* Konzept angelegte Dualität zwischen Individuum und Gesellschaft, zwischen Organischem und Psychischem, zwischen Phantasie und Realität zu überwinden.

Dieser entscheidende Schritt war ihm möglich, da er vor seiner psychoanalytischen Ausbildung mit dem bekannten Neurologen *Kurt Goldstein* zusammengearbeitet hatte. *Goldstein* wurde Anhänger der Gestalttheorie, da er bei Hirnverletzungen entdeckte, daß einzelne Gehirnteile nicht isoliert, sondern nur als Teil des Gesamthirns funktionieren. So trug er durch seine Forschungen wesentlich zu dem Kernsatz der Gestalttheorie bei, nach dem das Ganze etwas anderes als die Summe seiner Teile ist. Zu diesem überaus kreativen »Goldstein-Kreis« in den dreißiger Jahren zählten *Kurt Lewin*, der spätere Begründer der Kleingruppen- und Aktionsforschung, und *Fritz Perls*, der Begründer der Gestalttherapie.

So wundert es nicht, daß sich bei *Foulkes* zahlreiche Grundkategorien wiederfinden, die auch in *Lewins* Theorie Eingang gefunden haben, z. B.: Gruppe als Ganzes, Gruppe als dynamisches Kraftfeld, Figur und Hintergrund, das Hier-und-Jetzt der Kräfte im sozialen Feld.

Um die vielfältigen Einflüsse auf *Foulkes'* Theorie zu verdeutlichen, sei noch erwähnt, daß er vor seiner Emigration nach England die Ambulanz des psychoanalytischen Instituts in Frankfurt kennenlernte. Da dieses Institut im selben Hause wie das bekannte »Institut für Sozialforschung« von *Horkheimer, Marcuse* und *Adorno* angesiedelt war und enge Kontakte zwischen beiden Einrichtungen bestanden, gingen starke gesellschaftspolitische Einflüsse in sein Denken ein. So erweiterte sich *Foulkes*' Auffassung über die »Gestalt der Gruppe als Ganzes« auf die Betrachtung der Gruppe vor dem Hintergrund der umgebenden Institutionen und Gesellschaft.[52]

Er lehnte *Freuds* Triebbegriff zwar ab, konnte vor seinem Tode aber nicht mehr ein eigenständiges Entwicklungskonzept auf der Grundlage der genuinen Gruppenbezogenheit des Menschen ausformulieren. Ich hoffe, daß die Gedanken im vorigen Abschnitt dieses Vakuum ein wenig füllen können.

Sein Konzept werde ich im folgenden im Rahmen der von ihm vorgeschlagenen Unterscheidung zur Beurteilung von Gruppenmethoden kurz darstellen. *Foulkes* (1974, 95) grenzt drei grundsätzliche Modelle psychoanalytischer Gruppenarbeit ab, und zwar:

Modell A: Psychoanalyse *in* der Gruppe
Hier findet wie eh und je Einzelarbeit statt. Die zuhörenden Gruppenteilnehmer spielen keine besondere Rolle. Sie geben zwar Feedback und stellen auch Fragen, aber als unterstützendes Medium und Potenz des Gruppenprozesses werden sie nicht mit einbezogen.[53]

Modell B: Psychoanalyse *mit* der Gruppe
Die gesamte Gruppe wird wie eine einzelne Person behandelt. Im Mittelpunkt des Geschehens steht die Beziehung zwischen Berater und Gesamtgruppe. *Argelander* (1972), der wichtigste Repräsentant dieser Richtung in Deutschland, wendet das *Freud*sche Strukturmodell deshalb auf die Gruppe an und spricht von: Gruppen-Ich, Gruppen-Über-Ich und Gruppen-Es.[54]

Modell C: Psychoanalyse *mit* und *in* der Gruppe
Diese Sichtweise ist die von *Foulkes* entwickelte. Betont wird hier die Bedeutung des einzelnen Teilnehmers, aber auch die Gesamtgruppe als eigene Entität. Beide gleich wichtigen Dimensionen sind untrennbar miteinander verwoben, bilden ein dynamisches Ganzes. So drückt jeder höchst persönliche Gedanke eines Teilnehmers auch immer etwas über die gesamte Gruppensituation aus.

Foulkes faßt diese Position mit seiner Theorie der »Gruppenmatrix«. Aufgrund ihrer verinnerlichten Familiendynamik bringen alle Gruppenmitglieder unbewußt ihre lebensgeschichtlich wichtigen Erfahrungshintergründe in die Gruppe ein. Diese »verinnerlichte Gruppenmatrix« ist die »Basis, die letzten Endes Sinn und Bedeutung aller Ereignisse bestimmt und auf die alle Kommunikation, ob verbal oder nonverbal, zurückgeht« (*Foulkes* 1974, 33). Unbewußt versucht jedes Gruppenmitglied seine verinnerlichte Rolle zu spielen und die anderen Gruppenmitglieder in die Rolle der früher erlebten Mitglieder hineinzudrängen. Vor allem ungelöste Probleme aus der Vergangenheit stellen sich wieder ein. So entsteht innerhalb der neuen Gruppensituation ein qualitativ neues, gemeinsames Geflecht von Übertragungen und Gegenübertragungen. Ein einzelnes Mitglied, das die gesamte Aufmerksamkeit des Leiters und der Gruppe auf sich zieht, wird nach *Foulkes* zum »Knoten im Netzwerk«. Denn nach der Gestalttheorie wird das aktuelle individuelle Problem als Figur vor dem Hintergrund der dahinterstehenden Geschichte und des Gruppenprozesses gesehen. D. h. jedes Ereignis ist eine Figur auf dem Grund, auf der Konfiguration des gesamten Gruppengeschehens. Die Beschäftigung mit dem Einzelnen verändert, vielleicht vergleichbar einem Zug auf dem Schachbrett, die Gesamtkonstellation. Aufgabe des Leiters ist es, eben dieses Ereignis auch interpretierend auf den Hintergrund zurückzuführen, damit der Gesamtprozeß als solcher für jeden Beteiligten deutlich und erlebbar wird.

Wenn ich vor einiger Zeit den Foulkes-Ansatz noch für einen zwar nicht geschlossenen, so doch schlüssigen Ansatz hielt (*Conrad/Pühl* 1983), so sind mir nicht zuletzt durch diese Arbeit Zweifel gekommen. Besonders sein Übertragungs- und Gegenübertragungskonzept als Motor der Gruppendynamik erscheint mir inzwischen ergänzungswürdig. Im nächsten Abschnitt werde ich darauf näher eingehen, wenn ich die Quellen des Gruppenunbewußten versuche zu differenzieren.

2. Unbewußtes Gruppenthema als Fokus

Die gruppenanalytische Perspektive in die praktische Arbeit umzusetzen, ist nicht einfach. Zu viele Ebenen bieten sich dem Gruppenleiter gleichzeitig als mögliche Wahrnehmungs- und Interventionsebenen an. Um nur einige zu nennen: Die bewußte und unbewußte Dynamik in der Arbeitsgruppe; die Spiegelung des kulturellen Unbewußten in der Gruppe; Übertragungs- und Gegenübertragungsbeziehungen der

Mitarbeiter zu ihren Klienten; biographische Anteile einzelner Gruppenmitglieder; die Übertragungs- und Gegenübertragungsdynamik zwischen Berater und Gruppe.

Bei Kollegen und auch bei mir selbst stelle ich immer wieder fest, daß es sehr schwierig ist, die eigenen Interventionsstrategien durch Hypothesen abzusichern, so daß sie nichts Beliebiges oder Zufälliges bleiben. Ich befürchte, daß kaum ein Gruppenleiter – und schon gar keiner, der die unbewußte Ebene miteinbezieht – in der Lage ist, im Moment seiner Intervention immer sehr klar und nachvollziehbar zu begründen, aufgrund welcher Einschätzung er zu seiner Intervention gekommen ist und was sie bewirken soll. Wie sich Gruppenprozesse überhaupt kaum objektivierbar nachweisen lassen, sind additive Methoden völlig ungeeignet zur Erfassung unbewußter Gruppenkonflikte. Die Wahrnehmung des Gruppengeschehens erfolgt nach den Prämissen der psychoanalytischen Methode: Wahrnehmen der Gegenübertragung (Was spüre ich, was der oder die Teilnehmer – unbewußt – von mir wünschen, erwarten und was erwarte ich selbst?) und passagere Identifikation. Beim letzteren wird es schon problematisch, da wir es in der Gruppensituation mit mehreren Teilnehmern zu tun haben und die Einfühlung immer nur mehr oder weniger intensiv sein kann, um identifikatorisch zu erspüren, wie es mir an Stelle des Teilnehmers gehen würde. Das Oszillieren zwischen Einfühlung, Distanzierung und Wahrnehmung der eigenen Gegenübertragungsreaktionen stellt schon in der Einzelberatung hohe Ansprüche, die als Ideal anzustreben sind. In der Gruppenanalyse von Arbeitsteams kommt neben der Erweiterung auf die gruppendynamische Ebene ganz entscheidend noch die sogenannte Realitätsebene hinzu, nämlich die Eingebundenheit in eine Institution, die Erfüllung eines beruflichen Auftrages.

Um sich in diesem Wirrwarr von Beziehungsebenen nicht übermäßig zu verlieren und aus Hilflosigkeit nicht auf Konzepte zurückgreifen zu müssen, die sich auf die beobachtbare Verhaltensebene beschränken – eine Leiterstrategie zur Angstreduzierung –, hat sich für mich das Suchen nach einem *Gruppenthema* bewährt (vgl. auch *Pühl* 1988). Hierunter verstehe ich in Anlehnung an die Gruppenanalytiker *Stock* und *Lieberman* (1976) eine übergreifende Erklärung, die alle Erscheinungen in einer Gruppe als Einheit faßt.[55] Danach lassen sich im *Gruppenthema* auch scheinbar sehr heterogene oder gar widersprüchliche Phänomene auf ein gemeinsames, meist unbewußtes Anliegen aller Beteiligten zurückführen. Auch wenn die einzelnen Elemente eines Gruppenprozesses auf den ersten Blick sehr verschiedenartig, ja ge-

gensätzlich und untereinander beziehungslos erscheinen, so können wir doch eine Gemeinsamkeit herausarbeiten. Diese übergreifende Erklärung
- eint die Beiträge der einzelnen Gruppenmitglieder,
- sie eint die aktuelle Institutionsdynamik, wie sie sich in der Arbeitsgruppe (unbewußt) manifestiert,
- sie eint das Erleben des Gruppenleiters in bezug zur Gruppe und auch unterschiedliche Einschätzungen, wenn zwei Leiter in der Gruppe sind.

Ich sehe zwei Dimensionen zur Fokussierung des Gruppenthemas, und zwar 1. die vertikale Dimension, sie umfaßt zumeist eine Gruppensitzung und 2. die horizontale Dimension, sie ergibt sich aus dem Gesamt einer größeren Anzahl von Sitzungen oder Gruppenphasen.

1. Die vertikale Dimension:

Die Fokussierung einer Sitzung läßt sich erfahrungsgemäß auch unter einem Thema fassen. Auch wenn die einzelnen Beiträge scheinbar wenig oder keinen Bezug zueinander haben, gelingt es mir doch meistens, ein gemeinsames Anliegen, ein gemeinsames Thema herauszufiltern. Ich fasse die einzelnen Themen analog der »freien Assoziation« auf. Unbewußt wird ein tiefliegendes Anliegen durch unterschiedliche Beiträge von verschiedenen Gruppenmitgliedern umkreist. Oft gibt die erste Äußerung in der Gruppe den entscheidenden Hinweis auf das zentrale, alle bewegende Thema. Das anfängliche Schweigen des Leiters hat hierin seinen guten Grund. Er hebt die Gruppenspannung nicht durch seine eingebrachten Fragestellungen auf, sondern wartet, welcher Teilnehmer durch welchen Beitrag die Gruppenspannung zuerst bricht. Wir können mit der Gestalttheorie davon ausgehen, daß der Erstberichtende in dem Moment zum »Knoten im Netzwerk« (*Foulkes*) wird, in dem sich das Anliegen aller Beteiligten schneidet.

Manchmal wird die Gruppenspannung auch nonverbal ausgetragen, besonders wenn die Angst sehr groß ist, dann wird sie agiert, d. h. die Gruppe kommt geschlossen zu spät, raucht übermäßig viel oder hat sich mit Unmengen von Süßigkeiten für die Sitzung eingedeckt. Wenn es dem Gruppenanalytiker gelingt, entlang dem unbewußten Gruppenthema interpretierend und einfühlend ein Verständnis für das Verbindende zu erhellen, verhindert er eine weitere angstabwehrende Polarisierung in der Gruppe und nähert sich sukzessive dem Hauptkonflikt. Seine Interventionen sind danach zu beurteilen, inwieweit es ihm gelingt, die immer vorhandenen progressiven Kräfte in der Gruppe zu unterstützen, die eine Entwicklungsperspektive erkennen lassen oder inwieweit er die restriktiven Kräfte unterstützt, die den Grundkonflikt zementieren.

2. *Die horizontale Dimension:*
Sie erstreckt sich über den gesamten Gruppenprozeß. Dies besonders dann, wenn der tiefliegende Grundkonflikt stark angstbesetzt ist und die progressiven Kräfte in der Gruppe wenig entwickelt sind (wie im Falle des eingangs beschriebenen Arbeitsteams). Es ist natürlich töricht anzunehmen, daß der Gruppenleiter sehr früh weiß, was der grundlegende Konflikt der Gruppe ist. Er selbst muß sich ein ganzes Stückweit auf die Irrfahrten einlassen, um die innere (Angst-) Dynamik der Gruppe erspüren zu können. Im positiven Sinne verwickelt er sich selbst ein Stückweit in die Gruppenspannung, erfährt sozusagen von *innen* wie es ihm dort ergeht. Dadurch wird er selbst zum Mitspieler und Teil der gemeinsam zu leistenden »Beziehungsanalyse«, wie *Bauriedl* (1980, 1986) es nennt. Auch umfassende Erfahrungen schützen den Leiter nicht davor, sich jedesmal neu einzulassen, denn jede Gruppe ist trotz äußerer Ähnlichkeiten aufgrund ihrer dynamischen Zusammensetzung anders. Manchmal kann die Erfahrung auch als Angstabwehr des Leiters eingesetzt werden, wenn er sehr früh zu wissen glaubt, was das spezifisch Ungelöste, Konflikthafte dieser Gruppe ist.

Bisher völlig unbefriedigend beantwortet ist folgende Frage: *Wie konstituiert sich das Gruppenunbewußte,* durch das der unbewußte Gruppenprozeß schließlich beeinflußt wird? Bezogen auf Arbeitsgruppen sehe ich drei Quellen, die uns Hinweise dafür geben könnten:

1. *Das je individuelle Unbewußte der einzelnen Mitarbeiter:*
So nimmt *Foulkes*, wie gesagt, an, daß jedes Individuum seine lebensgeschichtlich wichtigen Familien- und Gruppenerfahrungen in jede neue Gruppe einbringt. Unbewußt versucht jedes Gruppenmitglied, seine verinnerlichte Rolle zu realisieren und die anderen Gruppenmitglieder in die Rolle der früher erlebten Familienangehörigen hineinzudrängen. So entsteht gleich zu Beginn jeder Gruppenbildung ein sehr feines spezifisches Geflecht aus Übertragungen und Gegenübertragungen, die zum Motor des unbewußten Gruppenprozesses werden.

2. *Die unbewußten Anteile der Klienten:*
Bekannt ist, daß sich gerade in der sozialpädagogischen Arbeit der Sozialtätige oft unbewußt mit seinen Klienten identifiziert. Dieser

unbewußte Identifikationsprozeß ist meist die Voraussetzung für das gefühlsmäßige Verstehen der Probleme der Rat- und Hilfesuchenden. In anderen Berufen spricht man davon, daß die Tätigkeit auf einen »abfärbt«, was schlicht dasselbe meint. *Ottomeyer* hat hier auf die beruflich notwendige Fähigkeit zur empathischen Einfühlung hingewiesen, um die Bedürfnisse des anderen zum Zwecke der Geschäftstätigkeit zu verstehen.

Für die Supervisionsarbeit hat *Balint* die Erkenntnis der identifikatorischen Ansteckung des Helfers durch den Klienten zuerst methodisch fruchtbar gemacht. In der sogenannten Fallbesprechung eines Sozialtätigen in einer Gruppe von Berufskollegen (Balintgruppe) entfaltet sich die unbewußte Beziehung zwischen Helfer und Klient szenisch. Indem der Sozialtätige seinen Klienten schildert, reproduziert er in der Gruppe sein inneres Bild, das er vom Klienten hat. So wird in der Balintgruppe der Klient ein Stückweit lebendig. Die Kollegen reagieren auf den Bericht des Vortragenden im Sinne einer Gegenübertragung, so daß die unbewußte Beziehung zwischen Helfer und Klient durch entsprechende Interpretation des Balintleiters transparent wird. Die unbewußte szenische Übertragung des Klientengeschehens in der Supervisionsgruppe wird auch unter dem Begriff der »Spiegelreaktion« (*Heigl-Evers / Hering* 1970, *Argelander* 1972, *Roth* 1984) beschrieben. Sie läßt sich gerade unter den Laborbedingungen einer Supervisions- oder Balintgruppe besonders gut einfangen, ist aber in der täglichen Arbeit natürlich genauso wirksam, wenn auch nicht so gut sichtbar.

3. Das Unbewußte der Institution:
Pagès geht davon aus, daß die Institution, insbesondere durch Hierarchisierung, unbewußt eine Abwehrfunktion für ihre Mitglieder gegen Angst vor Isolation und Trennung übernimmt.

Während die beiden ersten Quellen als Anteile zur Konstituierung des Gruppenunbewußten relativ einsichtig sind, ist der unbewußte Einfluß der Institution sicherlich der problematischste.

Problematisch deswegen, weil wir unter dem Unbewußten entweder mit *Freud* angstbesetztes Verdrängtes verstehen oder mit *Schmidbauer* die Folgen nichtgeförderter potentieller Ich-Anteile. Hier wie dort bleibt das Unbewußte etwas je Individuelles, was sich freilich im Kontext von Gruppen zu einem Gruppenunbewußten erweitern kann. Dieser Schritt mag schon schwierig nachvollziehbar sein, schwieriger allerdings scheint mir die Frage, wie eine Institution ein Unbewußtes haben kann. Darauf soll im folgenden näher eingegangen werden.

Wenn wir alltagssprachlich von Institutionen sprechen, sehen wir sie oft in negativem Zusammenhang. Institutionen erscheinen hier als mächtige, oft übermächtige Einrichtungen. Man denkt zuerst an staatliche Einrichtungen und an Produktions- und Verwaltungsstätten, denen sich der Einzelne gegenüber hilflos ausgeliefert fühlt. Sie wirken allemal angstmachend, nicht nur weil sich in ihnen eine ungeheure Macht konzentriert, sondern auch weil sie sinnlich die Entfremdung des Menschen von seiner selbstgeschaffenen Umwelt symbolisieren, auf die er keinen rechten Einfluß mehr ausüben kann. Die Verselbständigung der Apparate ist bedrohlich und angstmachend.

Unter Institutionen können wir aber verallgemeinernd alle sozialen Bezüge verstehen, die sich zum einen durch Dauer und zum anderen durch Gewohnheiten, Übereinkommen und allen Beteiligten mehr oder weniger vertraute Riten auszeichnen. Dazu gehören dann auch Familie, Ehe sowie Gruppen mit bestimmten Zielvorstellungen und Erwartungen. Der deutsche Philosoph *Arnold Gehlen* mißt Institutionen einen anthropologisch bedeutsamen Stellenwert zu, der uns bei der Beantwortung der Frage nach dem Unbewußten von Institutionen hilfreich ist. Seiner Meinung nach konnte sich der Mensch entwicklungsgeschichtlich erst durch die Schaffung von Institutionen effektiv organisieren, weil er erst so seine »Instinktungebundenheit« realisieren konnte. In diesem Sinne stellen Institutionen eine »wesenseigene Entlastungsfunktion« (*Gehlen* 1956, 48) als Außenersatz für die verlorengegangene intuitive Innenleitung dar. Auch schon sehr frühe primitive Formen der Arbeitsteilung und Kooperation setzen verläßliche, antizipierbare Verhaltensweisen voraus, die sich nach *Gehlen* als Gewohnheiten definieren lassen, deren Gesamt als Institution zu fassen ist.

Somit stellt, wie wir auch mit *Schmidbauer* gesehen haben, die Fähigkeit zur Gruppenbildung einen entscheidenden Baustein in der kulturgeschichtlichen Entwicklung des Menschen dar. Gruppe und Institution in dieser Abstraktheit, wie wir ihnen heute entfremdet, ohnmächtig gegenüberstehen, gab es nicht schon immer. Vielmehr können wir mit *Gehlen* (1956, 118) sagen, »daß es eine vorkulturelle faßbare menschliche Kultur überhaupt nicht gibt« und daß Kultur immer ein Stückweit institutionell gebunden ist. Somit repräsentieren Institutionen menschliche Kulturgeschichte und damit auch immer die »gesellschaftliche Produktion von Unbewußtheit«, wie *Erdheim* sagt.

Zusammenfassend läßt sich die Frage nach dem Unbewußten in Institutionen etwa so beantworten: *In der institutionellen Interaktion werden durch die individuell verinnerlichte Kulturgeschichte gleichsam gesellschaftlich-kulturelle Neuauflagen verdrängter, unentwickelter gesellschaftlicher Anteile mobilisiert bzw. stabilisiert, indem mit ihnen integrierend umgegangen wird.* Natürlich gibt es keine Gesellschaft, die nicht bestimmte Anteile verdrängen muß. *Devereux* geht auch in diese Richtung, wenn er sagt: »Dies ist auch der Grund, warum allen Mitgliedern ein und derselben Kultur eine gewisse Anzahl unbewußter Konflikte gemeinsam ist.«

Nun verstehen die genannten Autoren *Stock* und *Lieberman* unter dem, was ich das Gruppenthema nenne, immer einen »Gruppenkonflikt«. Wenn es der Gruppe nicht gelingt, diesen gemeinsamen grundlegenden Konflikt zu lösen, kommt es zu einer Stagnation in der Entwicklung. Diese zeigt sich deutlich daran, daß in der Gruppe immer wieder über dasselbe gesprochen wird, ohne daß dies zu einer weiterführenden Klärung beiträgt. Nach einer Weile fortgesetzter Frustration wird gar nur noch über Belangloses geredet, oder die Gruppenkommunikation beschränkt sich auf Witze und konventionelle Höflichkeiten. Nach meinen Beobachtungen gehört die Gruppenfraktionierung zu einer Form des ungelösten Gruppenkonfliktes: In gegenseitiger Ablehnung verharren zwei Parteien und leben nur von den gemeinsamen Phantasien über die andere Fraktionshälfte. Weder bringt dies die Untergruppen noch die Gesamtgruppe auch nur einen Schritt weiter. All diese Lösungen bezeichnen die Autoren als »restriktive Lösungen«. Diese von der Gruppe nicht bewußt herbeigeführte »Lösung« dient immer der Verminderung beunruhigender Ängste.

In dem von mir beschriebenen Arbeitsteam haben wir diesen ausweglosen Lösungsversuch beobachten können: Monatelang wurden die Gruppengespräche von dem Thema beherrscht, wie denn nun mit den verordneten neuen Beratungszeiten umgegangen werden sollte. Diese Stagnation führte schließlich mit dazu, daß wir als Berater ins Team geholt wurden. Lange Zeit haben wir ebenfalls nicht zu einer Lösung beitragen können, zu groß waren die Ängste bei den Gruppenmitgliedern und auch bei uns Beratern. Bevor ich auf die Interpretation dieses Prozesses eingehe, möchte ich beispielhaft die Bearbeitung des horizontalen Gruppenthemas aus einer anderen Beratung zur Veranschaulichung schildern, weil hier die Auflösung des festgefahrenen Konflikts leichter möglich war (vgl. *Conrad/Pühl* 1983, *Pühl* 1988).

Als grundlegenden Gruppenkonflikt nannten die Mitarbeiter die Fraktionierung ihrer Gruppe in »neue« und »alte« Kollegen. Die »neuen« Kollegen setzten sich aus zwei Erzieherinnen zusammen, die seit fast zwei Jahren im Team arbeiteten. Die »alten« Kollegen waren eine Erzieherin und ein Erzieher, die seit gut acht Jahren zusammenarbeiteten. In der Vergangenheit hatten die Erzieher gemeinsam in vielen

Gesprächen versucht, diesen für sie belastenden Konflikt zu einer befriedigenden Klärung zu bringen. Doch ohne Erfolg, im Gegenteil, die Fronten verhärteten sich immer mehr, und die Konflikte wurden noch schärfer.

Schon in den ersten beiden Supervisionssitzungen spitzte sich die Polarisierung zwischen »Alten« und »Neuen« wieder zu, als sich zwei Erzieherinnen gegenseitig Fehlverhalten vorwarfen. Wir Berater konnten das Hickhack nicht verstehen, da uns Details geschildert wurden, die als Begründung nicht einsichtig waren. In der nächsten Sitzung diskutierte das Team über einen anderen Punkt, und zwar über die Versetzung eines Kollegen aus einer anderen Gruppe in ihr Team. Es bestand Unsicherheit darüber, ob dieser Kollege in ihre Gruppe passen würde. Dabei standen die Erzieher der »alten« Fraktion der Aufnahme positiv gegenüber, während die Erzieher der »neuen« Fraktion mit Ablehnung reagierten. Ihrer Meinung nach würde der Kollege die »alte« Fraktion stärken, da er als schlaffer und resignierter Typ bekannt sei. Sie wollten die Waagschale im Team nicht zu ihren Ungunsten verändert wissen.

Währenddessen setzten sich die Erzieher der »alten« Fraktion für die Aufnahme des Kollegen ein, da er sonst nirgendwo im Heim hätte arbeiten können. Zweifel an seiner pädagogischen Kompetenz äußerten alle Gruppenmitglieder. Eine Erzieherin der sogenannten »neuen« Fraktion meinte, daß der betreffende Kollege die negativen Tendenzen im Team vermutlich stärken würde, weil er so unengagiert und träge sei. Ich wechselte die Ebene der Reflexion, indem ich folgendermaßen intervenierte: »Dann liegt das Problem ja nicht bei dem Kollegen, sondern eigentlich an der resignativen Stimmung im Team.«

Nach dieser Intervention trat ein langes Schweigen ein. Während bis zu diesem Zeitpunkt im Team die Atmosphäre eher hektisch und unruhig war, saßen nun alle Teilnehmer betroffen in der Runde. Die eine Erzieherin schilderte dann, durch was ihre Arbeit im Team so behindert wird und sagte: »Ich finde es so wahnsinnig schwer in der Gruppe gegen den Routinekram anzuschwimmen. Dazu brauche ich soviel Energie, um nicht in ein Loch zu fallen. Und wenn dann noch Leute da sind, die schon lange im Heim arbeiten und in der Routine voll drinhängen, dann hab' ich es so unendlich schwer, gegen sie anzukommen. Mich schlaucht das so unendlich... Ich bin jetzt seit zwei Jahren hier und habe das Gefühl, ich nutze auch schon ab.«

Durch diese Offenheit fühlten sich ihre Kollegen ermutigt, über ihre eigenen resignativen Gefühle zu sprechen. Interessanterweise kam dabei heraus, daß sich alle mit bisher geheimen Ausstiegsphantasien trugen. Großes Gelächter folgte immer dann, wenn ein Kollege sagte, daß er sich schon lange mit dem Gedanken beschäftige, eine Alternative zur jetzigen Arbeit zu suchen.

Der anfänglich formulierte Konflikt zwischen »Alten« und »Neuen« tauchte auch in späteren Sitzungen nicht wieder auf, was nach *Stock* und *Lieberman* ein sicheres Zeichen dafür ist, daß der aktuelle Fokalkonflikt gelöst ist. Was nicht bedeutet, daß die Gruppe in Zukunft in konfliktfreier Harmonie sich bewegen wird. Vielmehr werden sich neue Aufgaben stellen, die die Gruppe gemeinsam bewältigen muß. Kreiselartig entwickelt sich eine Gruppe so von Konflikt zu Konflikt weiter.

Nicht immer gelingt es so schnell wie in diesem Falle, das zentrale blockierende Gruppenthema herauszuarbeiten. Je stärker die im Konflikt gebundene Angst, desto länger dauert die schrittweise Annäherung an das beunruhigende Thema. Wie wir im vorne beschriebenen Arbeitsteam sahen, waren eineinhalb Jahre notwendig, bis wir uns gemeinsam an die heiklen Punkte vorgetastet hatten.

Wie sah nun das unbewußte horizontale Gruppenthema in der vorgestellten Arbeitsgruppe aus? Es ist kein Geheimnis, daß wir Leiter uns in diesem Team sehr schwergetan haben, das lineare Gruppenthema zu fokussieren. Aus der Sicht von uns Supervisoren standen wir sozusagen lange Zeit im Nebel und hatten große Mühe, uns zu orientieren. Unser Grundgefühl die meiste Zeit über war, »kein Bein auf den Boden zu kriegen«. Hypothetisch schließe ich daraus, daß das Maß der tiefen Angst hier besonders groß und das Zulassen dieser Angst für die Teilnehmer höchst bedrohlich war. Aber dazu gleich mehr.

Zunächst erinnern wir uns, daß die Auflösung des Gruppengeheimnisses, des »geheimen Parteiprogramms« der Gruppe, die Aufdeckung des kollektiven Gruppenmythos, eine nachhaltige Wende im Reflexionsprozeß markiert. Während zu Beginn unserer Arbeit die von der Finanzierungsstelle verordnete neue Beratungszeit als der aktuelle manifeste Konflikt gesehen wurde, veränderte sich zu diesem Zeitpunkt schlagartig die Reflexion, denn die kreisenden Gespräche über dieses Thema hörten auf, den Prozeß zu dominieren. Dies können wir mit *Stock* und *Lieberman* so verstehen, daß hier eine »restriktive Lösung«, die die Gruppenentwicklung nachhaltig behinderte, aufgelöst werden konnte. Die Angstgrenzen verschoben sich fühlbar. Statt über ausweglose technische Regelungen zu diskutieren, beschäftigten sich alle Mitarbeiter mit ihrer eigenen Teamstruktur, ihren Wünschen und Kränkungen, ganz ansatzweise kamen auch die betreuten Jugendlichen ins Spiel.

Ich glaube, daß die restriktiven Kräfte der Gruppe von den rationalorientierten Mitarbeitern repräsentiert wurden, während die progressiven Kräfte eher von den »emotionalen« Mitarbeitern getragen wurden. Progressiv deshalb, weil dieser Teil in der Gruppe bisher keinen Raum hatte und, als zur Beratungsarbeit dazugehörig, nicht in das Gruppengeschehen integriert werden konnte. Uns Leitern und dem Team ist es nicht befriedigend gelungen, diese angstmachende Seite ausreichend zu bearbeiten und so in das Team einzubeziehen.

Die Polarisierung, immer eine Form der Angstbewältigung, bestand in der Gruppe weiterhin fort; ihre Repräsentanten waren m. E. Helga und Gerda. Helga zeigte zu Beginn eine stark ablehnende Haltung gegen die aufdeckende Supervisionsmethode. Obwohl sie die Gruppe nach der zweiten Phase verließ, wurde sie nicht zum Sündenbock. In diese bedrohliche Position kam eher Gerda. Sie brachte ihre gefühlsmäßige Betroffenheit und Traurigkeit über den Bericht eines von ihr betreuten Jugendlichen intensiv in das Team ein. Die Kollegen konnten hierauf nicht eingehen, so daß sie bei mir eine Einzelberatung nahm und sicherlich nicht zufällig danach den »einsamen« Entschluß faßte, die Stelle zu wechseln. Die beiden Mitarbeiterinnen, Gerda und Helga, markierten im Team sicherlich Extrempole, die auch durch unsere Beratung nur teilweise aufgelockert werden konnten. So suchte sich Helga, die rational orientierte, im Laufe der Supervision eine Therapie für sich und Gerda, von ihren Gefühlen schnell überschwemmt, suchte sich eine Arbeitsgruppe mit »klaren, festen Strukturen«, wie sie sagte.

Ich bin mir auch heute noch nicht sicher, ob diese Anteile in das Team zu integrieren gewesen wären, ob eine solche Gruppe es hätte leisten können, die Arbeit mit den Jugendlichen zu bewerkstelligen und den Mitarbeitern selbst einen Raum für die eigene Entwicklung zu bewahren. Verständlicher wird dies m. E., wenn wir uns die Struktur und die Aufgabe dieser Arbeitsgruppe näher anschauen. Beruflich beschäftigt waren die Mitarbeiter mit der Betreuung sogenannter randständiger Jugendlicher, die ohne Arbeit, Geld, Beziehungen und Zuhause fast aussichtslos in der Großstadt verloren sind. Ihre Wünsche nach Verständnis, Geborgenheit und Wiedergutmachung erlittenen Leides richten sich an die Mitarbeiter der Beratungsstelle. Die unerfüllbaren Wünsche der Jugendlichen machen Angst, weil sie bei den Betreuern Schuldgefühle auslösen, aktuell immer durch Suizide und Suizidversuche ihrer Klienten. Ferner werden eigene ungestillte Bedürfnisse nach Zugehörigkeit und Geborgenheit mobilisiert. Die Wut über die eigenen ungestillten Bedürfnisse können eine Zeitlang erfolgreich gegen die Finanzierungsstelle gerichtet werden.

Die Dynamik des Teams haben wir damals verstanden als geprägt von »unterdrückter Trauer und Kränkungserleben«, auffallend war ebenso das hohe Maß nicht-zielgerichteter Aggression und Wut. Im nachhinein sehe ich das Gruppenthema erweitert um die Dimension »Gruppenidentität und persönliche Identität«. Das meint die unterschwellige Frage, wie sich das Team als eigenständige Entität gegenüber den ratsuchenden Jugendlichen erleben kann, ohne dabei die Individuation ihrer Mitglieder einzuschränken. Lange Zeit standen sich Team und Finanzierungsstelle in skeptischer Distanzierung gegenüber. Die äußere Institution der Finanzierungsstelle wurde von dem Team zunehmend als Sündenbock angesehen. Ich glaube, hier ist der neuralgische Schnittpunkt institutioneller und individueller Abwehr (vgl. *Mentzos* 1976, *Menzies* 1974, *Gfäller* 1986). Objektiv erfährt das Team durch diese Instanz keine Unterstützung für ihre belastende Arbeit, im Gegenteil zog sich die Instanz durch die willkürlich verordneten Beratungszeiten noch die begründete Ablehnung des Teams zu.

Der Dynamik des Teams kam die Negativhaltung entgegen. Über den äußeren Sündenbock konnten sie ihr eigenes Gruppenleben stabilisieren und so eigene Identitätsängste abwehren. Wir haben gesehen, wie wichtig es dem Team war, die Sündenbockposition zu bewahren, auf die auch wir Berater verpflichtet werden sollten. Als über die Auflösung des Gruppenmythos auch diese Abwehrhaltung der Finanzierungsstelle gegenüber aufgedeckt werden konnte, wurden die bis dahin latenten Ängste im Team virulent.

Die Mitarbeiter waren gezwungen, ihre innere Beziehungsdynamik zu klären und dabei auch noch über die Arbeit ihre eigene Identität – individuell und kollektiv – zu entwickeln. *Bonstedt* und *Lindner* (1975) beschreiben aus eigener Erfahrung in einem ähnlichen Arbeitsbereich diesen schmerzhaften Prozeß als Eingeständnis »verleugneter Ohnmacht«, die aus dem »Dilemma zwischen realer Ohnmacht und Größenphantasie« entspringt.

Ursächlich läßt sich diese auftauchende Ohnmacht einerseits aus der Aufgabe des Teams erklären und andererseits aus der egalitären Gruppenstruktur. Die Arbeit mit den randständigen Jugendlichen konfrontiert die Mitarbeiter mit eigenen unbewußten Heilserwartungen für Beschädigungen und ungelöste Konflikterfahrungen aus der eigenen Lebensgeschichte, während die egalitäre Struktur des Teams für jeden Mitarbeiter ein Stück individuelle und kulturelle Wiedergutmachung nach geborgenem Aufgehobensein in einer gleichberechtigten Gruppe verspricht. Das Erkennen der unerfüllbaren Wünsche, sowohl seitens der Jugendlichen als auch in der eigenen Gruppe, ist kränkend und ärgerlich wie jede Begrenzungserfahrung.

Kurzfristige narzißtische Anerkennung ist durch engagierte sozialpolitische Arbeit des Teams möglich, verhindert aber auf Dauer nicht depressive Stimmungen, die sowohl in psychosomatische Beschwerden als auch in Suizidphantasien umschlagen können. Das latente Thema »Wie kann ich in dieser Welt eigentlich gut leben?« bzw. »Wie ertrage ich die Welt, und wo finde ich Geborgenheit und Schutz?« ist ständig präsent. Der eingestellte Leiter tat intuitiv das Beste, was er in der Situation tun konnte: Er füllte die Position nicht aus. Vermutlich hätte er auch kaum Chancen gehabt, denn alle unerfüllten Wünsche und Kränkungen hätten sich auf ihn gerichtet. Seine Arbeit hätte vermutlich total blockiert und unterlaufen werden müssen, da er die Begrenzung so deutlich signalisiert hätte.

Jede neue Gruppensituation mobilisiert bei den Mitgliedern regressive Wünsche nach Geborgenheit und symbiotischer Verschmelzung, wenn auch unbewußter Art. Entwicklung aus diesem identitätsschwachen Stadium kann durch die Eingebundenheit in eine Institutionsstruktur im besten Falle gefördert werden. In unserem Beispiel bot die Finanzierungsstelle sich als solche Instanz nicht an, im Gegenteil, sie mußte sich aus eigenem Schutz vor Verunsicherung vom Team abgrenzen, die Kollusion zur Abwehr von Identitätsangst wird deutlich. In der gegenseitigen Ablehnung bleiben beide Instanzen unbewußt verschmolzen, ohne sich entwickeln zu können.

Erfahrungsgemäß brauchen nichthierarchische Gruppen meist eine längere Periode, um ihre volle Arbeitsfähigkeit zu entfalten. In wechselseitiger Auseinandersetzung erst können sie die Grenzen zwischen verschmelzender Gruppenidentität und individueller Identität ausloten und in der Waage halten. Gerade dieser Entwicklungsschritt ist extrem angstbesetzt, da jedes Mitglied »sich zeigen« muß und die Gruppe als Ganzes dabei in ihrer entwicklungsmäßigen Schwachheit zu diesem Zeitpunkt nicht auf eine äußere institutionelle Instanz zurückgreifen kann, die durch formal-feste Beziehungsstrukturen einen Rahmen absteckt. Wir haben erlebt, wie schwer es den Mitarbeitern fiel, über die eigene individuelle Arbeit angstfrei in der Gruppe zu berichten, denn dieses »sich zeigen« wird als Verstoß gegen den Mythos der Gleichheit schnell von den übrigen Mitgliedern bestraft. Deutlich wird der Abwehrprozeß gegen die Trennungsangst im Prozeß der Identitätsfindung, den *Pagès* als die »possessive Liebe« beschrieben hat. Diese possessive, besitzergreifende Liebe verdrängt die Angst durch Auschaltung der Trennung (»Wir sind alle gleich!«) und beinhaltet Fusionsbestrebungen, Unterdrückung von Individualität, Idealisierung und Projektion der verdrängten Ängste auf andere.

Die possessive Liebe wird von der Angst verfolgt und zugleich intensiviert. Aus der Unfähigkeit, Trennungsangst und den mit ihr verbundenen Schmerz in die Erfahrungswelt zu integrieren, entwickelt sich dieser dynamische Konflikt zwischen Bestrebungen, die Angst abzuwehren und der Tendenz, die Angst dennoch zum Ausdruck zu bringen und sich der Erfahrung des Trennungsgefühls und der Verbundenheit anzunähern. Genauso wie die possessive Liebe den Trennungsschmerz vermeidet, dienen Feindseligkeiten und Haß dazu, den Schmerz nicht zu spüren, da die Trennung nicht erlitten werden muß. Wir können in diesem Interpretationszusammenhang die beobachteten intensiven Kränkungsgefühle und die starke Feindseligkeit und Wut als einen solchen Abwehrprozeß von tiefer Trauer interpretieren. Die schmerzliche Trauer hat ihre Wurzeln in der Begrenztheit der Gruppe als Ort der Geborgenheit und in der Unmöglichkeit, den Jugendlichen zu geben, was man ihnen geben möchte, weil sie es brauchen und weil man es sich selbst gewünscht hätte. Trennungsangst würde ich in meinem Verständnis als Trauer über die schmerzliche Begrenzung und die eigenen Grenzen verstehen, wie man sie real auf verschiedenen Ebenen erlebt.

3. Widerspruch Individuum – Gesellschaft

Daß für viele Menschen westlicher Kulturen Gruppen angstmachend sind, ist schon längst kein Geheimnis mehr (vgl. auch *Delumeau* 1985). Ein Widerspruch zwischen Individuum und Gruppe geht über das Erleben des Einzelnen hinaus und muß tieferliegende gesellschaftlich-kulturelle Gründe haben. Angstmachend wirken Gruppen meist deshalb, weil nicht sicher ist, ob die individuellen Sozialisationsanforderungen als ausreichende Orientierung und Sicherheit im Kontakt genügen. Aus vielen Gruppenberatungen weiß ich, daß frühere negative Gruppenerfahrungen in Schule, Arbeitssituation und auch Selbsterfahrungsgruppen mit jedem neuen Gruppenkontakt automatisch mobilisiert werden. Gruppen werden so oftmals nicht als unterstützend und anregend, sondern als bedrohlich, zerstörerisch und übermächtig erlebt. Eine schützende Abwehr, begleitet von Zerstörungsängsten, Zweifel und Wut, steht am Beginn neuer Gruppenkontakte. Ein Mechanismus der Angstbewältigung nimmt klassischerweise zwei Wege: Entweder man bezieht die wahrgenommene Kontaktunfähigkeit auf eigene Unzulänglichkeiten und reagiert mit depressiv-wütendem

Rückzug, oder an einem Gruppenmitglied macht sich spontan heftige Antipathie fest, die die Betroffenen selbst verwundert und die Gruppe insgesamt unattraktiv erscheinen läßt. *Heigl-Evers* und *Heigl* (1972)[56] beschreiben ein bedrohliches Gruppenphänomen als reziproke Latenz, d. h., man entdeckt bei einem anderen eigene unbewußte, angstmachende Anteile, die deshalb abgewehrt werden müssen. Nicht selten polarisieren sich in Gruppen zwei Untergruppen, die sich gegenseitig heftig bekämpfen, ohne die verborgenen Gemeinsamkeiten zu entdecken. Im Gegenteil, je eher der Konflikt als gemeinsamer erkannt wird, je bedrohlicher wirkt er, und die Abwehr muß verstärkt werden. Die Kämpfe nehmen intensivere Formen an und drohen zu eskalieren. Klassisch ist auch die Sündenbockdynamik, die in vielen Gruppen zu beobachten ist: Der Sündenbock verkörpert für alle anderen Gruppenmitglieder eigene unbewußte Anteile, die als bedrohlich für das eigene Ich erlebt werden.[57] Wo einfaches Verleugnen nicht ausreicht und andere Sicherungsmanöver nicht erfolgreich das psychische Wohlbefinden aufrechterhalten können, kann sich das Projizieren von ich-fremden Trieben und Merkmalen auf andere Personen als letzter Rettungsanker erweisen. Gegen das abgelehnte Gruppenmitglied wenden sich Projektionen der übrigen Gruppe, die sich zu einer gemeinsamen unbewußten Abwehrstrategie zusammengefunden hat. Prädestiniert für diese Rolle des Sündenbocks sind Personen, die von der Gruppennorm abweichen, stark ihrer Individualität Ausdruck geben und Schwierigkeiten im Umgang mit Aggressionen haben, dabei zugleich unbewußt die angstbesetzten Teile der jeweiligen Gruppe anrühren und aufwühlen, ungewollt ins Wespennest stechen und die Latenz aktualisieren. So werden Sündenböcke ebenso wie abtrünnige Verräter streng bestraft, weil sie das von der Gruppe verwirklichte Abwehrsystem in Frage stellen (vgl. auch *Menzies* 1974, 196). Währenddessen ist der Sündenbock außerhalb der eigenen Gruppe nur begrenzt verunsichernd, da der fremde Gegner nur von außerhalb bedrohlich wirkt. In unserem Beispiel konnten wir diesen Abwehrmechanismus ebenfalls aufdecken: Das Team schützte sich vor Auseinandersetzungen innerhalb der Gruppe durch eine rigide Abgrenzung gegenüber ihrer Finanzierungsstelle.

Damit die beschriebenen Gruppenphänomene jedoch nicht naturgebenen Charakter annehmen, müssen wir uns an dieser Stelle die konkret-historische Situation vor Augen führen.

Wie wir im vorigen Kapitel gesehen haben, hat sich im Laufe der kulturellen Evolution die Gruppenerfahrung des Einzelnen in unserer Gesellschaft kontinuierlich von einer egalitär-umfassenden Gruppenstruktur auf eine ödipal-triangulierende Kleinfamilienstruktur reduziert. Wir können bei der Beschreibung dieses Entwicklungsprozesses inzwischen sogar noch weitergehen, denn die Hälfte aller Kinder wachsen entweder als Einzelkinder auf oder werden nur von einem Elternteil betreut. Der Widerspruch zwischen Individuum und Gruppe ist somit kein »natürlicher«, aber in unserer Kultur ein realer. Da fast alle Menschen in ihrer Sozialisationsgeschichte, besonders in den prägenden ersten Lebensjahren, nur sehr begrenzte Gruppenerfahrungen introjizieren konnten, bleiben die sozialen Fähigkeiten permanent unterbelichtet und zeigen sich in Gruppenängsten, Selbstwertzweifeln und Minderwertigkeitsgefühlen.

Zu diesem Mangel an »verinnerlichter Gruppenerfahrung« (*Foulkes* 1974) kommt eine das Individuum überfordernde Weltsicht. Waren in früheren Kulturen die Gruppen überschaubar und auf ein relativ kleines Aktionsfeld begrenzt, in dem sie sich bewegten, ohne intensiven Kontakt zu anderen Kulturen oder Gruppenverbänden zu haben, so ist der westliche Mensch über tausendfache Informationskanäle überall in der Welt zu Hause, ohne sich selbst zu Hause zu fühlen. Dieses Überall-auf-der-Welt-Sein und das Miterleben dessen, was tagtäglich global passiert – ohne jedoch handelnd eingreifen zu können –, konstituiert diese Weltsicht. Damit Gruppen trotz dieser Überflutung handlungsfähig bleiben können, entwickeln sie eine eigene *Gruppenkultur*. Diese schafft eine Abgrenzung nach außen und ermöglicht eine Entwicklung nach innen. (Der isolierte Einzelne schützt sich statt dessen durch verinnerlichte Zwänge.)

Eine besondere Form der Gruppenkultur ist sicherlich der Gruppenmythos. Auf der Gruppenebene synthetisieren Mythen die individuellen Ängste und schaffen dadurch für die Gruppe als Ganzes einen »Freiraum« zur Klärung und Entwicklung gemeinsamer Strategien. Auch wenn im vorhergehenden Abschnitt die Mythenbildung als eine entwicklungseinschränkende Strategie interpretiert wurde, hat sie auch einen konstruktiven Aspekt. Sie hält die Gruppe auf einem kollektiven Niveau zusammen und realisiert eine symbolische Abgrenzung, eine imaginäre Gruppengrenze. Dies scheint unabdingbar zur Angstbewältigung. Unabdingbar m. E. deswegen, weil es gleichfalls ein neuer Mythos wäre, eine Gruppe könnte alle Konflikte zulassen und auf schützende Grenzen verzichten. Gerade in einer Kultur mit dem omnipotenten Hang zur Weltsicht bedarf es bestimmter Abgrenzungsmaßnahmen, damit eine Gruppe als Gruppe handlungsfähig bleiben kann. Diese Tendenz kann m. E. auch im Sinne unserer entwickelten phylogenetischen Perspektive verstanden werden: Da die Menschheit jahrtausendelang in relativ konstanten überschaubaren Gruppen auf begrenztem Terrain gelebt hat, ist sie naturgemäß überfordert, wenn sie plötzlich mit der ganzen Welt und gar dem Weltall verbunden ist und auf vieles reagieren bzw. die Weltsicht handlungs-perspektivisch integrieren soll.

Hier können wir mit *Holzkamp-Osterkamp* sagen, daß Angst – und in deren Folge Abwehr, z. B. in Form von Mythenbildung – aus dem Verlust an Umweltkontrolle entsteht. Die sinnliche Erfahrung der Handlungsohnmacht gehört zum täglichen Erleben oder anders formuliert: Wer viel kontrollieren kann, muß auch viel Angst haben, die Kontrolle zu verlieren. Ein Abwehrmechanismus könnte auch der politische Wahn einer totalen Kontrolle und Beherrschung der Welt und des Weltalls sein. Die Frage stellt sich allerdings für jede Gruppe, wann ihre Abwehr dysfunktional wird.

Dieser Gedanke führt uns zu einem anderen Phänomen, nämlich der Aggression. Im vorigen Kapitel haben wir den entwicklungsgeschichtlich bedeutsamen Zusammenhang zwischen der Erforschung neuer Lebens- und Umweltbedingungen und dem Angstverhalten als sinnvollen und notwendigen Schutz herausgearbeitet. In dem Maße wie die Umweltbedingungen nicht mehr kontrollierbar und berechenbar sind, schlägt diese Angstbereitschaft in offene Angst um (vgl. *Holzkamp-Osterkamp* 1975). Angst stellt somit eine Antwort auf den Verlust an Handlungsfähigkeit und Orientierung dar. Wenn wir diesen Gedanken fortführen, kommen wir zu dem Ergebnis, daß offene, zuerst oft unverstandene Aggression – im Sinne von Wut – somit eine hilflose Angstreaktion auf den Verlust von Umweltkontrolle und Orientierung sein könnte. Wut und Ärger als aggressives Verhalten binden offene, diffuse Ängste. Auch in der beschriebenen Arbeitsgruppe herrschte lange Zeit solch aggressives Verhalten vor, das wir uns jetzt auch als Defizit an Struktur und Orientierung erklären können.

Kutter (1973) hat sich dem Thema »Individuum und Institutionen« gewidmet, um aus psychoanalytischer Sicht zu untersuchen, wie Institutionen für das Individuum zu einem pathologischen »Mittel der Angstbewältigung« werden können. Ihm geht es speziell um die Untersuchung der irrationalen Momente in der Beziehung Individuum – Institutionen oder, psychoanalytisch ausgedrückt, um die unbewußte Beziehung. Dabei unterscheidet *Kutter* zuerst zwei gegensätzliche Bedürfnisse, die durch die Institution für den einzelnen befriedigt werden können. Zum einen kommen die Institutionen einem allgemein menschlichen Bedürfnis entgegen, und man kann deshalb im positiven Sinne von einem »institutionellen Entgegenkommen« (*Kutter* 1973, 186) sprechen. Mit *Freud* sieht *Kutter* aber auch die andere Seite, nämlich wie die Institutionen dem Individuum als »soziale Leidensquelle entgegentreten können«. Dabei verweist er auf drei Klassiker, die aus unterschiedlicher Sichtweise dieses nachhaltig betont haben, und zwar *Marx*, indem er in den Institutionen zuerst ein Instrument des Kapitalismus sah, um die Menschen zu unterdrücken und zu beherrschen, *Max Weber*, der den Prozeß der Bürokratisierung der Institutionen beschrieb und damit die Verselbständigung des Apparates gegenüber dem Einzelnen betonte, und *Habermas*, der die »Härte der Institutionen« in unserer heutigen technischen Zeit hervorhob.[58]

Nach dieser kurzen Einleitung widmet sich *Kutter* ausführlich dem irrationalen unbewußten Beziehungsaspekt zwischen Individuum und Institution. Nach dem psychoanalytischen Modell sieht er grundsätzlich zwei Möglichkeiten irrationaler Prozesse, und zwar *Übertragung und Projektion* bzw. Identifikation. Diese von *Kutter* als irrational bezeichneten Prozesse werden hier nur als neurotische oder pathologische Abwehrformen verstanden, die nach psychoanalytischem Verständnis eine Neuauflage unbewältigter früher Mutter-Kind- oder Vater-Kind-Beziehungen sind.

Auch in unserem dargestellten Fallbeispiel finden sich solche Muster, und wir haben sie als solche erlebt und beschrieben. Verzerrungen der Realität sind immer die Folge. Dagegen ist wohl nichts einzuwenden. Problematisch erscheint nur die stigmatisierende Variante dieser Interpretation, denn die vom Autor sensibel und richtig beobachtete Übertragungsdynamik versteht er nicht in erster Linie als Ausdruck verlustig gegangener sozialer Gruppenbeziehungen, sondern als Widerspruch zwischen Individuum und Gesellschaft, wie sie sich bereits in *Freuds* Theorie findet.

Im Gegensatz zu diesem Standpunkt sieht *Erdheim* (1984) in seiner Arbeit zur »Gesellschaftlichen Produktion von Unbewußtheit« durchaus Ansätze in *Freuds* Werk, die ein sozialpsychologisches Verständnis von Institutionen liefern können. Aspekte zu einer »Institutionspsychologie« lassen sich seiner Meinung nach aus »Totem und Tabu« (*Freud* 1913) und »Massenpsychologie und Ich-Analyse« (*Freud* 1921) herausfiltern. Indem *Freud* das Heer und die Kirche als Masse untersucht, d.h. die libidinöse Unterordnung unter einen Führer bei gleichzeitiger Stabilisierung der Macht, zeigt er, daß für beide die »Vorspiegelung einer Illusion« (*Freud* 1921) charakteristisch sei. Beide Institutionen geben sinnlich vor, daß ein Oberhaupt da sei, das alle gleich liebe und sich um seine Angehörigen sorge. Diese Illusion reproduziert m. E. gleichsam das Familienbild, demzufolge der Vater das Realitätsprinzip verkörpert und damit die angstmachende Strukturlosigkeit auflöst. Wir wissen, daß *Freud* die Entstehung aller sozialen Institutionen letztlich auf den Vatermord in der Urhorde zurückführt. Mit der Institutionalisierung des Schuldgefühls wird so die Aggressionsbereitschaft unter Kontrolle gehalten, und die Sublimierung der Lust unter die Zwecke der Arbeit führt zum Aufbau und Erhalt der Kultur. Wenn *Erdheim* in diesen Gedanken *Freuds* Ansätze einer »Institutionstheorie« erblickt, scheint mir das zu optimistisch. Denn letztendlich bleibt die hier angelegte Gruppentheorie von *Freud* einem im Biologismus verwurzelten dualistischen Konzept verhaftet, da er die Beziehung zwischen Einzelnem und Gesellschaft nicht dialektisch fassen kann. Für den Einzelnen bleibt der andere lediglich Befriedigungsobjekt seiner Triebwünsche oder aber deren Hindernis.

Interessant für uns sind *Freuds* ausgewählte Beispiele des Heeres und der Kirche dennoch, da hier illustrierend beschrieben wird, wie das Ich in stark hierarchischen Institutionen in eine Regression versetzt wird, die es seiner Autonomie enthebt bzw. beraubt. Ich glaube, daß gerade Institutionen wie Heer, Polizei und auch Kirche deshalb so hierarchisch aufgebaut und geführt werden, da hier extrem viel Angst abgewehrt bzw. in der Hierarchiestruktur gebunden werden muß. Dies würde meine Eingangshypothese unterstützen, nach der hierarchische Strukturen u. a. der Angstreduzierung dienen. Ein kollektiv geführtes Heer ist schlechterdings kaum denkbar, da der Einzelne seine Angst im Glauben an die Potenz der Führungsspitze nicht mehr delegieren könnte oder, wie *Freud* sagt, durch Regression abwehren müßte.

In diesem Zusammenhang stoßen wir auf ein ganz anderes Problem, nämlich das der Macht. Der späte *Freud* war durchaus nicht blind gegenüber dem Einfluß gesellschaftlich vermittelter Herrschafts- und Machtverhältnisse auf die Entwicklung von Ich und Über-Ich, auch wenn dies auf seine Theorie keinen verändernden Einfluß genommen hat. So schreibt er beispielsweise in »Zukunft einer Illusion« (1927, 146): »Wenn aber eine Kultur es nicht darüber hinaus gebracht hat, daß die Befriedigung einer Anzahl von Teilnehmern die Unterdrückung einer anderen, vielleicht der Mehrzahl zur Voraussetzung hat, und dies ist bei allen gegenwärtigen Kulturen der Fall, so ist begreiflich, daß diese Unterdrückten eine intensive Feindseligkeit gegen die Kultur entwickeln, die sie durch ihre Arbeit ermöglichen, an deren Gütern sie aber einen zu geringen Anteil haben. Eine Verinnerlichung der Kulturverbote darf man bei den Unterdrückten nicht erwarten, dieselben sind nicht bereit, diese Verbote anzuerkennen, bestrebt, die Kultur selbst zu zerstören, eventuell selbst ihre Voraussetzungen aufzuheben. Die Kulturfeindschaft dieser Klassen ist so offenkundig, daß man über sie eher die latente Feindseligkeit der besser betuchten Gesellschaftsschichten übersehen hat. Es braucht nicht gesagt zu werden, daß eine Kultur, welche eine so große Zahl von Teilnehmern unbefriedigt läßt und zur Auflehnung treibt, weder Aussicht hat, sich dauernd zu erhalten, noch es verdient.« Freud schließt daraus, daß man annehmen müsse, daß die Unterdrückten die Kulturverbote nicht verinnerlichen wollen und als Folge kein sehr ausgeprägtes Über-Ich ausbilden werden. Dadurch kann sich das Ich nicht in dem Maße auf das Über-Ich beziehen und ist den Es-Strebungen relativ hilflos ausgeliefert.

Eine in der Konsequenz nicht haltbare Annahme, die in der Pädagogik aber leider zu verheerenden Folgen geführt hat. So sprechen *Redl/ Wineman* (1979), zwei Psychoanalytiker und Kindertherapeuten, gar vom »delinquenten Ich«, das der Triebhaftigkeit zu großen Raum einräumt, und aus dem praktisch folgt, daß das chaotische Es kontrolliert und eingegrenzt werden muß. Heute wissen wir, daß gerade sogenannte verwahrloste Kinder und Jugendliche vielfach unter einem sehr rigiden Über-Ich leiden (vgl. *Rauchfleisch* 1980). Wie mir überhaupt scheint, daß Moral in erster Linie etwas für die »kleinen Leute« ist, während die Mächtigeren eher über ihre Einhaltung wachen, statt die moralischen Kategorien auch auf sich zu beziehen.

Dies mag, wie *Erdheim* (1984, 188) argumentiert, auf die Klassenspaltung zurückzuführen sein, die den Narzißmus der Herrschenden auslöst. Herrschaft selbst wird zu dem sozialen Ort, von welchem aus die Konstellation der drei Elemente – Aggression, Narzißmus und Ambivalenz – ihre destruktiven Wirkungen zeigt. »Je höher die Position des Individuums und je größer seine Macht, desto unkontrollierter werden seine Größen- und Allmachtsphantasien« (*Erdheim* 1984, 164). Narzißmus in seiner destruktiven Wirkung entfaltet in gehobenen Machtpositionen eine Potenz, die nicht leidet, sondern ihre Dynamik in gesellschaftlich legitimierter Weise in einen Ort der Herrschaft verwandelt. Es ist »die Herrschaft selbst, die beim Individuum den Narzißmus auf die Spitze treibt«, wie es *Erdheim* (1984, 411) so schön formuliert.

Diese fatale Entkoppelung von Narzißmus und gesellschaftlicher Kontrolle ist aus gruppenanalytischem Verständnis erst durch die Auflösung begrenzter und gewachsener Gruppenbeziehungen möglich geworden. Entfesselter Narzißmus und Größenphantasien korrespondieren mit einer Gesellschaftsstruktur, die durch kapitalistische Waren- und Geldproduktion historisch erstmals Endlosigkeit auf den Kulturfahrplan setzte (vgl. Kapitel II).

Für die Gruppenanalyse in Institutionen mit realen Herrschaftshierarchien ist der Umgang mit Macht problematisch. Wie wir der Literatur zur Institutionsberatung entnehmen können, wird dieses heikle Thema eher verniedlichend angegangen. So verharmlost auch *Pagès* (1974), indem er die gesamte Menschheit als die eigentliche Gruppe sieht, und aus dieser Perspektive erscheinen für ihn Institutionen, Verwaltungen u. ä. als Abwehrsysteme, die man nur als Ganzes betrachten kann, weil an ihnen der Privilegierte wie der Untergebene beteiligt sind. Autoritätsbeziehungen stehen für ihn im Mittelpunkt dieses unbewußten kollektiven Abwehrsystems, zu dem jeder zur Erhaltung beiträgt. Diese »Kohäsion des Ganzen« erklärt sich aus einem »dynamischen Konflikt zwischen dem Verlangen, eine auf echte Beziehungen gegründete Gemeinschaft zu bilden, und der Angst, dies zu tun«. Eine Gesellschaftsveränderung stellt sich *Pagès* folglich durch eine Veränderung der Autoritätsbeziehungen und der kollektiven Abwehrmechanismen vor, damit sich individuelle und institutionelle Abwehrstrategien nicht so zusammenfügen, daß Überschneidungen nicht mehr sichtbar sind.[59]

Zum besseren Verständnis von Abwehr – und damit verbundenem Widerstand – komme ich noch einmal auf das psychoanalytische Angstkonzept zurück. Dreh- und Angelpunkt der *Freud*schen Bemühungen war neben der Bewußtmachung des Unbewußten, des Verdrängten, die Überwindung von Widerständen zur Auflösung der Symptome. Zuerst war er begeisterter Anhänger der Hypnose. Dieses Verfahren faszinierte ihn, da es sehr schnell traumatische Erlebnisse zutage förderte, ohne sie jedoch dem Patienten bewußt zu machen, ohne sie also durcharbeiten zu können. Die Hypnosemethode konnte so direkt belastendes Material ans Tageslicht fördern, da es die Angst übersprang, die Widerstände außer Kraft setzte. Erst die freie Assoziation schuf geeignete Voraussetzungen, den beschwerlichen Weg zu beschreiten, um das Unbewußte freizulegen.

Hinter Abwehr und Widerstand versteckt sich also allemal Angst, die verborgen bleiben will. In dieser Allgemeinheit können wir dies akzeptieren. Doch läßt sich *Freud*s orthodoxes Triebkonzept nicht auf die gruppenanalytische Sichtweise anwenden: Denn *Freud* vermutete Entwicklungs*konflikte*, die im Symptom gebunden sind. Im Ödipuskomplex sah er bekanntlich den grundlegenden Konflikt. Wir haben bereits herausgearbeitet, daß sich diese Annahme aus phylogenetischer Sicht nicht halten läßt, da der Mensch nur als genuin soziales Wesen, ausgestattet mit der Fähigkeit zur Gruppenbildung, entwicklungsfähig war. Sowohl mit *Foulkes* als auch mit *Schmidbauer* meine ich davon ausgehen zu können, daß hinter allen Abwehrmechanismen eine reduzierte Erfahrungsfähigkeit steht. Diese hat nicht unbedingt einen traumatischen konflikthaften Ursprung, sondern ist das Resultat eines längeren gruppendynamischen Prozesses. In der individuellen Entwicklung konnte die umgebende Primärgruppe nur bestimmte Entwicklungspotentiale zur Reifung gelangen lassen.[60]

So entwickelt das Individuum während seines Reifungsprozesses in Interaktion mit seiner umgebenden Gruppe je spezifische Abwehrmechanismen. Diese werden später zu einer wesentlichen Basis für jede Form zwischenmenschlicher Beziehung und, wie *Devereux* (1976) meint, im Umgang mit der Welt überhaupt. In jeder neuen Gruppensituation spielt jeder seine erlernte Rolle wie auf einer Theaterbühne, wie es *Spazier* und *Bopp* (1975) so schön beschreiben. Oder anders ausgedrückt: Jede neue Situation mobilisiert alte vertraute Kommunikationsmuster, weil diese eine gewisse Sicherheit versprechen, spült damit aber auch unwillkürlich Neurotisches und Unbearbeitetes an die Oberfläche.

Für die gruppenanalytische Arbeit hat dies konkrete Konsequenzen: Nicht in erster Linie durch Deutung des Widerstandes und des Unbewußten wird eine positive Entwicklung eingeleitet, sondern durch eine neue nachholende Erfahrung im Sinne einer Erweiterung der Kommunikation. Wie *Foulkes* (1974, 34) sagt, ist jede Kommunikationsverbesserung in der Gruppe ein Schritt in Richtung auf eine höhere soziale Gesundheit auch außerhalb der Gruppe. Für den Gruppenanalytiker geht es deshalb in erster Linie darum, die wechselseitige Kommunikation in der Gruppe aufzubauen oder zu erhöhen. Erst wenn sich alle als zugehörige Mitglieder der Gruppe erleben, lassen sich unbewußte Gruppenkonflikte bearbeiten. In der Literatur wird für das Phänomen der Zugehörigkeit oft der Begriff »Gruppenkohäsion« gewählt; *Yalom* (1974) mißt ihr einen entscheidenden Wert als Heilfaktor in der Gruppentherapie bei.

Deutung und Interpretation sind freilich auch hier die gruppenanalytischen Interventionsformen. Sie dienen zu Anfang dem Aufbau der Gruppenkohäsion, der Integration am Rande stehender Einzelner. Aus Erfahrung wissen wir, daß die Position des Leiters besonders im fortgeschrittenen Anfangsstadium eines Gruppenprozesses Wut und Ärger bei den Gruppenmitgliedern auslöst. Während die Teilnehmer langsam eine gemeinsame Gruppenkultur entwickeln, Wünsche nach Geborgenheit und symbiotischer Verschmelzung somit in erreichbare Nähe rücken, signalisiert der Leiter weiterhin das Prinzip der Abgrenzung, der Individuation. Seine Position ist so definiert, daß er nicht ganz zum Gruppenmitglied wird, sondern in einer gewissen Distanz zur Gesamtgruppe steht. Dies löst bei den Teilnehmern ambivalente Gefühle aus:

Sie wünschen den Leiter zum gleichberechtigten Teilnehmer, da seine relativ distanzierte Haltung als Außenstehender als kränkend erlebt wird. Nach fruchtlosen freundlichen Integrationsversuchen folgen aggressivere: »Wir sehen nichts von dir! Du zeigst dich nicht! Wer bist du eigentlich?« Ambivalent bleibt die Gefühlshaltung der Teilnehmer, da der Leiter an der imaginären Stelle zwischen verschmelzender Gruppe und äußerer Realität stehend, auch angstmildernd wirkt. Wenn da jemand ist, der klar bleibt und nicht in die Gruppe eintauchen will, kann die Gruppe eher Regression angstfrei zulassen. Ein Leiter, der sich in diesem gruppendynamischen Entwicklungsstadium zum Gruppenmitglied machen würde, wäre vermutlich für die Gruppe gestorben, könnte seine alte Position als Leiter nicht mehr flexibel ausfüllen. Entwicklungspsychologisch gesehen wäre eine Auflösung aus dieser frühen, sich wiederholenden Mutter-Kind-Beziehung dann auch nicht möglich, da der Leiter als symbolische Mutter die Trennung von Ich und Nicht-Ich auflösen würde und die Entwicklung dadurch stagniert. Der gesellschaftlich immanente Widerspruch zwischen Individuum und Gruppe spiegelt sich so auch in der Beziehung Leiter und Gruppe wider. Er reproduziert sich dort, wo er als solcher nicht gesehen werden darf, wo er verleugnet werden muß, um den Wunsch nach Harmonie nicht zu gefährden.

Anmerkungen

1 *Sandner* hat sich insbesondere mit der Erfassung von Gruppenprozessen in ihrer unbewußten Dynamik befaßt. In seinem Buch »Psychodynamik in Kleingruppen« (1978) entwirft er sein Konzept »Selbstanalytischer Gruppen« auf dem theoretischen Verständnis präödipaler Konflikte. Diese Vorstellung knüpft an die Schule *Melanie Kleins* an, die gerade in England breiten Eingang gefunden hat. Doch erscheint mir das ödipale Konzept zu unkritisch übernommen und ebenfalls sehr einengend zu sein. Die Schwierigkeit der Erfassung unbewußter Gruppenprozesse wird zudem sichtbar an den Ausführungen *Sandners* (1984, 1986), die sich bisher nur auf theoretische Voraussetzungen beschränken, von ihm selbst bisher aber nicht praktisch eingeholt werden konnten. Ein weiteres Problem bezieht sich auf die Psychoanalyse als wissenschaftliche Methode überhaupt. Psychoanalyse ordnet sich den naturwissenschaftlichen Kriterien von Überprüfbarkeit und Wiederholbarkeit nicht ohne weiteres unter, obwohl *Freud* selbst wiederholt die Psychoanalyse als ein naturwissenschaftliches Verfahren bezeichnete. Deshalb kann ich mich hier *Bauriedl* (1980, 71 ff.) anschließen, wenn sie die »intuitive Empirie« als Methode der Psychoanalyse vorschlägt, d. h. intuitive Erfahrungen werden in einer Zuordnung von Bedeutungen (Erfahrungsqualitäten) zu bestimmten Phänomenen gesehen.
2 So schrieb er 1911 in einem Brief an *Jung*: »Der Aufsatz über die *Gegenübertragung*, der mir notwendig scheint, dürfte allerdings nicht gedruckt werden, sondern müßte unter uns in Abschriften zirkulieren« (zit. nach *Peters* 1977, 56).
3 Erst *Paula Heimann* (1964) beleuchtete die positiven Aspekte der Gegenübertragung als diagnostisch wertvolle Methode, weiter ausgeführt wurde dies durch *Heigl* (1959, 1960). *Bauriedl* (1980) schließlich plädierte kürzlich gegen die stigmatisierende Einteilung in Gegenübertragung und Übertragung. Während unter Gegenübertragung in der analytischen Literatur einerseits die beim Analytiker ausgelösten Gefühle durch den Analysanden gefaßt werden und andererseits die »blinden Flecke« des Analytikers, die zur verzerrten Wahrnehmung führen, schlägt *Bauriedl* (1980, 210) vor, »den Begriff der Übertragung auf jede Erfahrungs- und Strukturbildung zu erweitern, unabhängig davon, ob sie pathologischer oder nichtpathologischer Art ist. Entscheidend meine ich, daß in einem dialektischen Konzept der therapeutischen Beziehung nur von einem Zusammentreffen zweier Übertragungsmuster die Rede sein kann, wobei beide, sowohl Therapeut als auch Patient, eine ›Gegenübertragung‹ entwickeln, die für den Umgang mit gerade diesem Beziehungspartner typisch ist.« Das bedeutet in der Praxis kei-

nesfalls die Aufhebung der Bedeutung der *Gegenübertragung* als diagnostischem Wert, hebt aber die Spaltung in »gesunder Therapeut« und »kranker Patient« auf, weil die subjektive Seite des Therapeuten einbezogen wird.
4 So ist *Spazier* und *Bopp* (1975, 9) zuzustimmen: »In der organisierten Psychoanalyse ist die Kluft zwischen einer im Grunde produktiven Theorie und Technik einerseits und einer desolaten Praxis andererseits besonders groß. Der Versuch, Psychoanalyse als integralen Bestandteil einer kritischen Gesellschaftstheorie zu entwerfen, hat dieses Dilemma nicht behoben, sondern zusätzlich verschleiert.« Denn eine kritische Analyse der Gesellschaft bringt nicht zwangsläufig eine kritische, emanzipatorische Praxis hervor, wenn die Trennung nicht überwunden wird.
5 vgl. *Sandner* 1978, *Schmidbauer* 1979, *Kutter* u. a. 1979
6 Bei ihren Ausführungen läßt sie ihre eigenen Ängste allerdings außen vor, so daß uns auch hier eine zwar engagierte, doch wissenschaftlich-distanzierte Darstellung präsentiert wird.
7 Eine detaillierte Übersicht geben *Vilmar/Runge* (1986)
8 Spürbar war, daß sich nichts verändern durfte. Jeder Bewegungsversuch wurde argumentativ verunmöglicht. Man hatte eigentlich schon alles versucht, es nützte eh nichts. Die Situation schien verfahren und aussichtslos. Am Ausmaß dieses Widerstandes gegen Veränderung ist nach *Bauriedl* (1980, 223 ff.) der Grad der Angst vor einer dialektischen, d. h. partnerschaftlichen Kommunikation zu erkennen.
9 Zur Beurteilung individueller und gesellschaftlicher Konflikte gibt *Parin* (1975) in seinem bekannten Aufsatz »Gesellschaftskritik im Deutungsprozeß« aufschlußreiche Hinweise. Er schlägt vor, als ersten Schritt die gesellschaftliche Realität und erst dann das individuelle Übertragungsgeschehen zu deuten. So kann verhindert werden, daß sich der Analysand mit dem den inneren Konflikt deutenden Therapeuten identifiziert. Durch dieses methodische Vorgehen wird der innere Konflikt nicht zugedeckt, sondern gerade erst sinnvoll bearbeitbar. *Parin* schlägt diesen Weg vor, um zu vermeiden, daß ein Teil der neurotischen Anteile des Patienten nicht bearbeitbar ist, weil er sich in Übereinstimmung mit der Wirklichkeit befindet. Für die berufsbezogene Beratung bietet sich dieses Vorgehen häufig als sinnvoll an. Oft ist es aber so, daß erst nach ansatzweiser Bearbeitung der persönlichen Betroffenheit die äußere Realität freigelegt werden kann, um dann wiederum auf die Person des Ratsuchenden zurückzukommen.
10 Schon der biblische Mythos von der Vertreibung aus dem Paradies ist nach *Fromm* (1941, 32 f.) ein solcher Versuch, die Ambiguität der Freiheit (Freiheit von und zu etwas) ideologisch zu überbrücken.
11 Auf den Zusammenhang von Mythos und Angstabwehr weist *Sandner* (1978, 113 f.) ebenfalls hin: »Auf der Gruppenebene haben Mythen, d. h. die individuellen Phantasien, die auf einem spezifischen gemeinsamen Phantasie-Nenner eine ›Interessengemeinschaft‹ eingegangen sind, eine außergewöhnlich große Bedeutung für die Abwehr individueller Ängste.« *Sandner* stellt hier die individuenzentrierte Sichtweise in den Vordergrund. Der

Gruppenanalytiker *Slater* (1970) beurteilt den Mythos eher als Gruppenaktion, die sich an der ambivalenten Haltung zum Gruppenleiter festmachen läßt: Die Gruppe schwankt zwischen Vergötterung und Revolte dem Leiter gegenüber. Beide Tendenzen erlauben der Gruppe als Ganzem ein höheres Maß an Regression und angstfreier liebevoller Zuwendung untereinander. Die Familientherapeutin *Selvini Palazzoli* (1977, 90) zitiert *Ferrein*: Er sieht im Mythos »nicht das Erzeugnis einer Dyade, sondern eines Kollektivs oder, besser, Ausdruck eines Systems, Eckpfeiler zur Aufrechterhaltung der Homöostase der Gruppe, die ihn hervorgebracht hat. Er wirkt wie eine Art Thermostat, der sich immer dann einschaltet, wenn die familiären Beziehungen in Gefahr sind zu zerfallen, wenn Desintegration oder Chaos drohen.« Diese Interpretation kommt meiner Hypothese sehr nahe.

Künzler (1967, 235 ff.) spricht im selben Zusammenhang von Tabu. Er sieht im »Tabu eine Angstabwehr zum Schutze der Gemeinschaft«, die sich in allen menschlichen Kulturen wiederfinden läßt. *Brocher* (1969, 192 f.) faßt ebenfalls »Gruppennormen als kollektive Abwehrfunktion«; *Bion* (1971, 40) begreift dieses Phänomen in seinem Konzept der Grundannahmengruppen als »Gruppenkultur«; *Mentzos* (1976, 89 ff.) untersucht in diesem Zusammenhang Formen »institutionalisierter Abwehr«. *Wedekind* (1986) verweist ebenfalls auf die Bedeutung »institutioneller Mythen« und stellt dabei die wichtige Frage nach den sinnstiftenden Motiven und narzißtischen Gratifikationen im Feld psychosozialer Arbeit.

Freud selbst hat zwei Vorstellungen vom Mythos: Einmal taucht er in Gestalt einer »Konstruktion« auf, wie er ihn im Ödipuskomplex dargelegt hat, einmal ist der Mythos der Inbegriff dessen, was in der analytischen Arbeit aufgeklärt werden soll (vgl. *Rutschky* 1985), so wie die Triebe selbst Mythen sind: »Die Trieblehre ist sozusagen unsere Mythologie. Die Triebe sind mythische Wesen, großartig in ihrer Unbestimmtheit« (*Freud* 1933, 101).

12 In dem Buch »Team-Supervision« (*Conrad/Pühl* 1983 und *Pühl* 1988) haben wir drei Einflußfaktoren herausgearbeitet, die die pädagogische und psychologisch-therapeutische Arbeit in je spezieller Weise mitbestimmen: Das sind der institutionelle Rahmen, die Person des Helfers und die Klienten. Diese drei Faktoren stehen in dynamischer Beziehung zueinander und gehen in jede Problem- und Konfliktsituation ein. Daraus leiten sich nicht nur methodische Konsequenzen ab, sondern auch die Ziele der berufsbezogenen Reflexion. Anzustrebendes Ziel ist, die Ursachen der Konfliktgestaltung besser zu verstehen, also herauszufinden, auf welchen Ebenen der Konflikt wie angesiedelt ist, um wieder gezielter handlungsfähig zu werden.

13 An dieser Stelle kann man sich fragen, ob wir durch unser Hinlenken auf die vermuteten Wünsche und Bedürfnisse der Jugendlichen nicht neue Ansprüche an die Mitarbeiter forciert haben, die letztendlich wieder belastend sein können oder als Bewertung unsererseits erlebt werden. Haben wir hier unsere Abstinenz verletzt? Oder gehört dieses Stück »Fortbildung« nicht auch zwangsläufig zur Supervisionsarbeit dazu? Wenn ja, welches ist die geeignete Form sie zu integrieren, ohne moralisierend neue Wertmaßstäbe da-

mit einzuführen? Ich hatte in dieser Phase nicht das Gefühl der Manipulation durch uns, denn erstens agierten wir offen und zweitens meinten wir, daß ein Stück Orientierung, ein Weg aus dem Chaos, das primär durch Unzufriedenheit charakterisiert ist, sinnvoll sein kann.

14 Der Supervisor *Gnädiger* (1983) hat in seiner Arbeit ähnliche Erfahrungen gemacht: Gerade diejenigen, die sich im Vorgespräch am vehementesten gegen therapeutische Ansprüche in der Supervision gewehrt haben, zeigen oft im Supervisionsprozeß in dieser Hinsicht große Bedürfnisse.

15 *Bauriedl* (1980) sieht einen Zusammenhang zwischen stark strukturierten therapeutischen Methoden und der Angstabwehr des Leiters. Dem würde ich jetzt verstärkt zustimmen und weiß deshalb nicht, ob unser Vorgehen zur Bearbeitung der latenten Ängste – bei den Teilnehmern und Supervisoren – nur sinnvoll war. Aufgrund dieser Erfahrung kann ich ihrer Kritik an der stark strukturierenden systemischen Familientherapie durchaus zustimmen. Nach *Bauriedl* (1980, 189f.) rationalisiert hier der Therapeut seine Angst durch die Methode des Strukturierens. Probleme werden – im Widerspruch zur Theorie – nicht auf der Beziehungsebene verstanden, sondern auf der Handlungsebene versucht zu verändern. Der Klient bzw. die Familie wird durch den Einsatz dieser Methode seitens des Therapeuten zu einem Objekt. Diese Methode dient dazu, die Familie »in den Griff zu bekommen« (S. 191). Ähnlich sieht sie die Gestalttherapie. Dadurch, daß der Therapeut (wie beispielsweise *Kempler* 1975) alle Fäden fest in der Hand hält, etwa durch die Form seiner Interventionen, indem er sich u. a. den Raum zum Reden dadurch verschafft, daß er die anderen zum Schweigen bringt, agiert er voll im Abwehrsystem der Familie mit. So wehrt der Therapeut »seine Ängste vor dem Chaos« ab (S. 201). Und »entgegen allen Absichtserklärungen der Gestalttherapie arbeitet er nicht im Hier und Jetzt der Beziehung, am aktuellen Widerstand« (S. 201). Denn die Angst, die sich im System und den vielen Unterbrechungen zeigt, deckt er nicht auf, sondern bringt sie durch seine steuernde Art zum Schweigen.

16 Grundsätzlich kann man sagen, daß die Sündenbockdynamik in einer Gruppe auf bedrohliche, abgewehrte Ängste der übrigen Mitglieder hinweist. Um diese abgespaltene Seite in das Gruppengeschehen zu integrieren, muß sich der Leiter vor den Sündenbock stellen, um diese Latenzseite (*Heigl-Evers/Heigl* 1972, 168f.) sinnvoll zu integrieren und bewußt zu machen. Schwierig wird dies, wenn eine passagere Identifikation mit dem Sündenbock aufgrund seiner biographischen Erfahrung habituell zu dieser Positionseinnahme tendiert. *Schindler* (1957/1958) differenziert in diesem Sinne innerhalb seines soziodynamischen Gruppenkonzeptes in »habituellen« und »aktuellen Omega«. Die Bearbeitung einer gruppendynamisch »aktuellen Omegaposition« im Rahmen einer Team-Beratung habe ich an anderer Stelle beschrieben (*Pühl* 1988).

17 *Max Pagès* (1974), Psychosoziologe, wie er sich selbst nennt, unternimmt im angeführten Buch den anspruchsvollen Versuch, »eine Theorie der menschlichen Beziehungen« zu entwerfen. Sein Ziel ist die bisher in der

psychoanalytischen und gruppendynamischen Literatur viel zu wenig beachteten »affektiven Phänomene kollektiver Art« herauszuarbeiten. Diese bleiben zum großen Teil unbewußt und bestimmen gerade deshalb in so hohem Maße das Geschehen in Gruppen und Institutionen. Vom Aufbau seiner Argumentationsentwicklung geht er so vor, daß er zuerst eine T-Gruppe – teilweise anhand von Protokollen – darstellt und das gemeinsame Unbewußte herausarbeitet. Darauf aufbauend begründet er seine These, nach der die Gruppe eine primäre und psychische Entität ist: »Gruppen sind Gesamtheiten von Personen, die aufgrund ihrer individuellen Lebensgeschichte, ihrer früheren interpersonellen Beziehungen oder ihrer Kultur einen affektiven Konflikt einer größeren Gesamtheit von Personen, der sie angehören, auf spezifische Weise empfinden« (S. 133). Affektive Beziehung definieren zu wollen, hält er für ein vergebliches Bemühen: »Sie ist weder durch den Trieb, noch durch die sozialen Institutionen, noch durch materielle Interaktion der Menschen untereinander vermittelt. (...) Wir halten daher die Beziehung für ein unmittelbares und ursprüngliches Phänomen, als den Schlüssel zum Verständnis der psychologischen wie der psychischen Phänomene« (S. 122). So stellt er in den Mittelpunkt seiner Theorie die Angst vor Isolation und Einsamkeit und sieht Institutionen unter dem Aspekt der »Angstabwehr«. Liebe als ursprüngliches Phänomen zeigt sich in entwickelter, gesunder Form als »authentische Liebe« und als »possessive Liebe« in entfremdeten Beziehungen, da sie die Liebenden aneinander kettet und Autonomie verbietet. Unter diesem Gesichtspunkt kritisiert er *Freud* seiner schwerlich nachweisbaren Urhordentheorie und der vernachlässigten Bedeutung der Institutionen wegen. Die Neofreudianer bleiben seiner Meinung nach zwar hinsichtlich der Vereinseitigung des Psychologischen und Sozialen hinter Freud zurück, erweitern ihr Konzept allerdings in Richtung einer Theorie der Beziehungen.

Insgesamt erkenne ich bei *Pagès* jedoch keine neue eigenständige Theorie. Seine Aussagen bleiben plakativ und meist unabgeleitet. Grundkategorie seines Ansatzes ist die Angst vor Isolation und Einsamkeit, deren Abwehr die »possessive Liebe«. Hier trifft dieselbe Kritik wie an *Freuds* Angstkonzept: Wenn die Herkunft jeder Angst aus einer einzigen Urangst abgeleitet wird, braucht das Besondere jeder konkreten Angst nicht mehr untersucht zu werden. Der kulturell-historische Einfluß bleibt ebenfalls ausgeschlossen (*Anselm* 1979, 47). Um nicht in das Fahrwasser geschichtsloser Anthropologisierung zu kommen, werde ich versuchen herauszuarbeiten, daß unter bestimmten geschichtlichen Bedingungen auch bestimmte Verarbeitungsformen von Ängsten stattfinden. Wobei ich auch eine Urangst unterstelle, nämlich die, die sich aus der Auflösung von orientierungsbildenden Gruppenkonstellationen ergibt, also auch eine Urangst vor Isolation und Einsamkeit. Ich meine, daß ich mich von *Pagès* dadurch unterscheide, daß ich die Ängste im historischen Kontext zu verstehen suche.

18 Bei der Beurteilung der Ängste Erwachsener, die sich im sozialen Kontext, zum Beispiel einer Gruppe, am deutlichsten abbilden, kommen wir wohl

nicht umhin anzunehmen, daß der aktuellen Angst reale frühe Trennungsängste als Erfahrungsschablone zugrundeliegen. *Bowlby* (1961 b) hat sich diesem Thema schon seit den vierziger Jahren gewidmet und kommt aufgrund seiner klinischen Forschung zu der Vermutung, daß viele Kinder unter pathologischer Erwartungsangst leiden, weil
1. eine tatsächliche Zeit des Getrenntseins von wichtigen Bezugspersonen stattfand;
2. »der übermäßige Gebrauch der Drohung mit Verlassen oder Liebesentzug« als Mittel der Erziehung eingesetzt wurde;
3. das Kind durch die Mutter/Bezugsperson zurückgewiesen wurde, besonders wenn deren positive Gefühle mit unbewußter Feindseligkeit gemischt sind;
4. das Kind für ein aktuelles Ereignis (wie Tod eines Elternteils, eines Geschwisters) verantwortlich gemacht wird oder sich schuldig fühlt (S. 457f.).
19 Hierarchische Arbeitsstrukturen begünstigen in besonderer Weise die »soziale Regression« ihrer Mitarbeiter wie *Buchinger* (1984, 352) feststellt. Ursächlich in Zusammenhang läßt sich dies durch die exklusive, dyadische Beziehung der Mitarbeiter zum Vorgesetzten erklären. Von ihm erwarten und erhoffen sie Zuwendung und Anerkennung mit der Folge, daß sie stark auf den Vorgesetzten fixiert sind und sich dadurch von ihren Arbeitskollegen isolieren. Auf das Problem der »Regression in Institutionen« geht *Erdheim* (1984) grundsätzlicher ein: Die Institutionen bieten den Mitarbeitern ein hohes Maß an Regressionsbereitschaft an – nein: sie verlangen es ab, und zwar über sogenannte Initiationsriten. Ihnen mißt *Erdheim* eine größere Bedeutung zu als offiziellen Zeugnissen und Legitimationen. Diese Riten zeigen sich in Institutionen u. a. im Umgang der Mitarbeiter untereinander; sie werden kultiviert und verhärtet in institutionellem Klatsch und Intrigen.
20 Das Finden von sinnvollen, arbeitsfähigen Strukturen ist sicherlich ein noch lange nicht gelöstes Problem der Linken. Die historische Vergangenheit des Faschismus spielt dabei genauso eine Rolle wie die biographische Erfahrung in restriktiven Strukturen wie Familie, Schule und Ausbildung.
21 Auf den Zusammenhang von Aggression und Angst weisen auch *Heigl* 1959, *Bowlby* 1961a, *Enke* 1972, *Brocher* 1973, *Heimler* 1973 und *Moser* 1977 hin.
22 *Alice Miller* beschreibt in ihrem Buch »Das Drama des begabten Kindes und die Suche nach dem wahren Selbst« (1979) eindrucksvoll, daß vermutlich kein anderer Mensch für den Helferberuf ein so geeignetes Sensorium ausbilden und entwickeln konnte wie gerade »narzißtisch gebrauchte Kinder«. Gerade sie verfügen über die feinen Antennen, sich in die unbewußten Bedürfnisse des anderen einzufühlen. Daraus ergibt sich auch die Notwendigkeit ständiger Reflexion über das Handeln in diesen Berufen, damit nicht die eigene unterdrückte Trauer und Nichtverfügbarkeit der Eltern über die Klienten ausgelebt werden muß.
23 Der englische Psychoanalytiker *Bion* arbeitete im Zweiten Weltkrieg psychotherapeutisch mit Wehrmachtsangehörigen, später an der bekannten

Tavistock-Clinic in London. Ihm fiel sehr früh auf, daß in den Gruppen schnell Phänomene auftauchen, die von allen Gruppenmitgliedern geteilt werden. Diese unbewußten Gruppenprozesse faßte er mit seinem Modell der »Grundannahmengruppen« und formulierte damit als erster ein analytisches Gruppenkonzept. Er unterscheidet drei Grundannahmen, von denen jeweils eine die Gruppenkultur bestimmt, während die anderen zurücktreten. 1. Abhängigkeit, 2. Kampf-Flucht und 3. Paarbildung. Die Funktion der Grundannahmen dient der Abwehr der in der Gruppe auftauchenden, bedrohlichen Gefühle und Haltungen, bei gleichzeitigem Versuch der Gruppe, Fortbestand und Stabilität zu sichern. Mit dem Begriff der »Arbeitsgruppe« faßt *Bion* eine Gruppendifferenzierung, die sich sowohl mit der Realität innerhalb als auch außerhalb der Gruppe beschäftigen kann. Der Übergang von »Grundannahmegruppe«, dem regressiven Stadium, zur »Arbeitsgruppe«, dem realitätszugewandten Stadium, vollzieht sich über einen fortlaufenden Klärungsprozeß bezüglich der unbewußten Wünsche und Haltungen. Dem Gruppenleiter kommt dabei die Aufgabe zu, ständig auf die Grundannahmen hinzuweisen. Dieses tut er, indem er sich mit seinen Interventionen immer an die Gruppe als Ganzes wendet. Obwohl *Bion* als Pionier der analytischen Gruppenarbeit gesehen werden kann und sein Modell der Grundannahmen als unbewußte Gruppenabwehr in der Literatur breiten Eingang gefunden hat, ist sein Gesamtkonzept außerordentlich schwer verständlich. Die Übernahme seiner Gesamtgruppenintervention (wie durch *Argelander* 1972) ist kritisch zu beurteilen, da die biographische Erfahrung und individuelle Entwicklung des Einzelnen hier m. E. zu kurz kommt. Wichtig ist *Bion*, da er klar erkannt hat, daß die Gruppensituation in jedem Augenblick eine Situation affektiver Gemeinschaft ist.

24 Dazu bemerkt *Wittgenstein* (1945) kritisch: »Das Bestehen der experimentellen Psychologie läßt uns glauben, wir hätten die Mittel, die Probleme, die uns beunruhigen, loszuwerden; obgleich Probleme und Methode windschief aneinandervorbeilaufen.«

25 Dem Über-Ich kommen bei *Freud* drei zentrale Funktionen zu, und zwar:
1. die Selbstbeobachtung, d. h., das Ich kann sich in der Selbstreflexion zum Objekt machen, sich beobachten und kritisieren;
2. als Gewissensinstanz repräsentiert es über die elterlichen Gebote und Verbote hinaus die gesellschaftlich-kulturelle Moral;
3. durch Übernahme der elterlichen Ideale und durch verinnerlichte Idealisierung der Eltern entwickelt sich das Ich-Ideal als Teil des Über-Ichs. *Freud* möchte den Ausdruck Elterninstanz nicht ohne weiteres mit Gewissen gleichsetzen; er wendet dagegen ein, daß das Über-Ich des Kindes eigentlich nicht nach dem Vorbild der Eltern, sondern des elterlichen Über-Ichs aufgebaut wird; so wird es zum Träger der Tradition, all der zeitbeständigen Wertungen, die sich auf diesem Wege über Generationen fortpflanzen.

26 Denn *Freud* (1939, 531) setzt seine Hypothese zu einem Zeitpunkt der kulturellen Evolution an, wo sich bereits »die große soziale Umwälzung vollzogen (hatte). Das Mutterrecht wurde durch die wiederhergestellte patriar-

chalische Ordnung abgelöst«. Schon früh wurde seine Urhordentheorie von seinem ehemaligen Schüler *Reich* wie auch von *Malinowski* kritisiert. Beide werfen *Freud* eine unhistorische Betrachtungsweise vor, die die Entwicklung des Ödipuskomplexes nicht als Ausdruck patriarchalischer Gesellschaftlichkeit sieht. Gewissen heuristischen Wert mißt *Pagès* (1974, 103) *Freud*s Urhordentheorie dennoch zu, da *Freud* hier einen Ort gesucht hat, »von dem aus er mit einem Schlag sowohl die Individualgeschichte wie auch die soziale Bindung der Entstehung der Institution erklären kann«. Auch wenn ich die Unbrauchbarkeit von Freuds Ödipusmythos als anthropologische Verallgemeinerung kritisiert habe, sollte man das Kind nicht mit dem Bade ausschütten und *Freud* ganz verwerfen, denn in seinen Aufsätzen »Zukunft einer Illusion« (1927) und »Das Unbehagen an der Kultur« (1930) hat er immer auch die andere Seite betont: Die Unmöglichkeit der gesellschaftlichen Institutionen die Menschennatur (Libido) angemessen vergesellschaften zu können.

Rudolf Vogt (1986) beleuchtete jüngst in seinem Buch »Psychoanalyse zwischen Mythos und Aufklärung« den Ödipuskomplex unter vielfältigen Aspekten, die ich hier nicht wiedergeben kann. Für uns ist interessant, daß er im Mythos dieselbe Bedeutung sieht, wie ich sie beschrieben habe: »Freud sieht im Mythos eine Illusion, ein Umlügen der Realität als Wunscherfüllung und Abwehr« (*Vogt* 1986, 40).

27 Nach *Holzkamp-Osterkamp* (1976, 73f.) »vermenschlicht sich der einzelne Mensch erst in dem Grade, wie er die gesellschaftliche Wirklichkeit auf einer gegebenen Stufe sich individuell aneignet und sich damit dem gesellschaftlich möglichen Niveau der Individualentwicklung annähert.« Dies ist nur in einer Gesellschaft ohne Arbeitsteilung möglich. Denn mit zunehmender Arbeitsteilung und Entwicklung der Produktivkräfte kann sich das menschliche Individuum nur noch partikulär vermenschlichen. Je stärker sich durch die gesamtgesellschaftliche Entwicklung, einhergehend mit einer immer stärkeren Differenzierung der arbeitsteiligen Struktur, »Individuationsformen« herausbilden, die zu den unteren, abhängigen Schichten gehören, je geringer ist der erreichbare Grad der relativen Handlungsfähigkeit. Dieser enge Rahmen der Handlungen schließt die Angst vor Verlust der Handlungsfähigkeit ein und reduziert die Motivation. *Holzkamp-Osterkamp*s kritisch-psychologisches Konfliktmodell negiert den psychoanalytischen Ansatz weitgehend. Meines Erachtens eröffnet ihre Theorie u. a. deswegen keine erkennbaren konkret-praktischen Perspektiven für eine emanzipatorische Pädagogik und Psychologie, denn die intrapsychische Verarbeitung von Angst aufgrund »drohender Handlungsunfähigkeit« bleibt in ihrem Konzept gleichsam im Dunkeln.

28 Sogar *Freud* (1930, 438) hebt an einer Stelle die Bedeutung der Arbeit hervor: »Keine andere Technik der Lebensführung bindet den Einzelnen so fest an die Realität wie die Betonung der Arbeit, die ihn wenigstens in ein Stück der Realität, in die menschliche Gemeinschaft sicher einfügt.«

29 *Fromm* (1941, 22) denkt ebenfalls in diese Richtung, wenn er als das existen-

tielle menschliche Bedürfnis, neben Nahrung und Schutz, das Bedürfnis »dazu-zu-gehören« stellt.

30 Sowohl Marxismus als auch Psychoanalyse faszinieren als Erkenntnistheorien durch ihre umfassende Erklärungskraft. Der Widerspruch von Erscheinung und Wesen auf der einen Seite und von Bewußtem und Unbewußtem auf der anderen Seite treibt jeden Erkenntnisprozeß in die Tiefe, gibt sich nicht mit vorschnellen Erklärungen zufrieden. Dennoch hat die intellektuelle und emotionale Suchbewegung ihre Haken und Ösen. Treffend hat *Sloterdijk* (1938) beide Theorien als »Herrenzynismen« charakterisiert, weil durch den immanenten Anspruch nach Totalität innerhalb der jeweiligen Theorie alles erklärt werden kann. Bekannt sind die Beispiele aus der Psychoanalysepraxis, die Kritik an der therapeutischen Situation als Abwehr des Patienten ummünzt und somit immunisiert. Aus ganz anderen Gründen plädiert *Lorenzer* (in: Görlich u. a. 1980, 303) gegen die Synthese beider Schulen zu einer Supertheorie, da auch so das Verhältnis von Individuum und Gesellschaft nicht auf den Punkt gebracht werden könne. Erst die Vermittlung der Resultate der beiden analytischen Denkrichtungen kommt seiner Meinung nach der Sache näher.

Ich sehe zwar auch die Gefahr des »Herrenzynismus«, den die Supertheorie in sich bergen könnte. Die eigenständige Weiterentwicklung der beiden Denkrichtungen schließt jedoch ständige Verknüpfungsbemühungen nicht aus. Im Unterlassen sehe ich eher die Gefahr einer Vertiefung der gesellschaftlichen Spaltung: Ein Teil der Wissenschaft setzt sich mit der äußeren, scheinbar kognitiv faßbaren Realität auseinander, der andere wissenschaftliche Zweig beschäftigt sich mit der irrationalen, naturwissenschaftlich-vernunftmäßig nur schwer greifbaren Seite menschlicher Existenz.

31 Die Akzentverschiebung von der Triebseite zum Ich wird von den sogenannten orthodoxen Psychoanalytikern unter dem Begriff der *Ich-Psychologie* subsummiert. Der Begriff der Ich-Psychologie wurde in der Literatur schon früh zu einem Reizwort, wie wir bei *Adorno* (1946/1980, 120) nachlesen können: Die Neoanalyse fällt »in *Adler*s Oberflächlichkeit zurück, indem sie *Freud*s dynamische, aufs Lustprinzip gegründete Theorie ersetzt durch bloße Ichpsychologie« (vgl. auch *Jacoby* 1978). Bis heute markiert die Stellung zur Triebtheorie die Grenze zwischen sogenannten »orthodoxen Freudianern« und »Neo-Analytikern« (Ich-Psychologen).

Das Sammelbecken Neo-Analytiker, übrigens hat sich *Fromm* immer dagegen gewehrt, einer zu sein, läßt dann keine Differenzen mehr zu. Als Begründer der ich-psychologischen Schule wird meistens der New Yorker Analytiker *Heinz Hartmann* genannt. Gegen ihn grenzt sich allerdings der Neo-Analytiker *Schmidbauer* – ich weiß nicht, ob er sich selbst so nennen würde – scharf ab. Und zwar zielt seine Kritik interessanterweise in dieselbe Richtung wie die der »Orthodoxen«, wie weiter unten ausgeführt wird.

32 Der Sozialcharakter umfaßt bei *Fromm* (1941, 220 ff.) den wesentlichen Kern der Wesenszüge der meisten Mitglieder einer Gruppe, wie er sich als Resultat der prägenden Erfahrungen und der Lebensweise dieser Gruppe

entwickelt hat. »Der Charakter im dynamischen Sinn der analytischen Psychologie ist die besondere Form, in welche die menschliche Energie durch die dynamische Anpassung menschlicher Bedürfnisse an die besonderen Daseinsformen einer bestimmten Gesellschaft gebracht wird. Der Charakter bestimmt dann seinerseits das Denken, Fühlen und Handeln des einzelnen Menschen.« Schon 1932 (38 f.) formulierte *Fromm* seine eigene Position zur Triebtheorie: »die libidinöse Struktur ist das Produkt der Einwirkungen der sozial-ökonomischen Bedingungen auf die Triebtendenzen«. Daraus leitet er sein Plädoyer für eine Verbindung von Psychoanalyse und Marxismus ab, denn erst so läßt sich die verändernde libidinöse Struktur im Kontext einer Gesellschaft mit sich verschärfenden ökonomischen Widersprüchen verstehen.

33 In »Triebstruktur und Gesellschaft« versucht *Marcuse* (1965) auf der *Freud*schen Triebtheorie aufbauend, die Utopie einer Kultur ohne Triebunterdrückung zu entwerfen. Diese Idee der »nicht-repressiven Sublimierung« fußt auf der Vorstellung, daß sich in hochindustrialisierten Gesellschaften die Arbeit auf ein Minimum reduzieren läßt, so daß Zivilisation nicht der Ananke, wie bei *Freud*, entspringt. Den zweiten entscheidenden Einschnitt an der *Freud*schen Theorie nimmt er vor, wenn er den Eros von der unmittelbaren Befriedigung auf die Befriedigung durch produktive, nichtentfremdete Arbeit ausdehnt. Trotz dieser konzeptionellen Erweiterung bleibt *Marcuse* der entscheidenden Schwäche dieser Theorie erlegen: Er geht von der Triebbefriedigung des menschlichen Handelns aus und kennt deshalb nur biologische Bedürfnisse.

34 »Wir nähern uns dem Es mit Vergleichen, nennen es ein Chaos, einen Kessel voll brodelnder Energien.« Das Es und damit die Trieblehre bleibt die »Mythologie« der Psychoanalyse, denn: »Die Triebe sind mythische Wesen, großartig in ihrer Unbestimmtheit.« So formuliert *Freud* (1933) noch in »Neue Folgen der Vorlesungen zur Einführung in die Psychoanalyse« seine revidierte Triebtheorie. Zu den Merkmalen der Triebe gehört es demnach, daß sie beständig Entlastung oder Befriedigung suchen. Dadurch grenzen sie sich von den Instinkten ab. »Trieb ist so einer der Begriffe der Abgrenzung des Seelischen vom Körperlichen. Die einfachste und nächstliegende Annahme über die Natur der Triebe wäre, daß sie an sich keine Qualität besitzen, sondern nur als Maße von Arbeitsanforderungen für das Seelenleben in Betracht kommen« (*Freud* 1904/5, 67). Dieses beständige Streben nach Spannungsabfuhr und Lustgewinn macht auch den »konservativen Charakter des Trieblebens« und seinen »Wiederholungscharakter« aus (*Freud* 1930).

Bekanntlich hat die Triebtheorie im Laufe seiner Forschungen einige Veränderungen erfahren. Die erste Triebtheorie zeichnete sich durch zwei Grundtriebe aus: Erstens die *Selbsterhaltungstriebe*; diese waren primär, wie Hunger, ließen sich nicht lange aufschieben, da sie lebensnotwendig waren, und sie benötigten wirkliche Mittel zur Befriedigung (z. B. Nahrung). Zweitens die *Sexualtriebe*; sie sind aufschiebbar, sublimierbar oder verdrängbar. Deshalb sind sie viel elastischer und anpassungsfähiger als die Selbsterhaltungstriebe. Auch sie entspringen körperlichen Spannungen, die nach lustbringender Abfuhr drängen; dabei werden sie durch das »Realitätsprinzip« modifiziert. Durch ihre Verwandelbarkeit und Austauschbarkeit sind sie der Schlüssel aller Neurosen. Eine erste Modifikation erfuhr die Triebtheorie mit der Entdeckung, daß das Ich auch Unbewußtes enthält, und mit der Aufgabe der Verführungstheorie zugunsten der Ödipustheorie. *Freud* postulierte jetzt einen Konflikt zwischen sexuellen bzw. libidinösen Trieben und Selbsterhaltungstrieben, die er 1910 »Ich-Triebe« nannte. Diese dualistische Theorie mußte er 1914 aufgrund seiner Studien über Homosexualität und Paranoia aufgeben. Hier entdeckte er die narzißtische Objektwahl, die ihn zur Konzeption des Narzißmus veranlaßte. Seine Triebtheorie erfuhr hier die erste wesentliche Modifikation, da er in seiner Narzißmustheorie die Selbsterhaltungstriebe mit den Sexualtrieben gleichsetzte, mußte er den Gegensatz zwischen Selbsterhaltungstrieben (»Ich-Triebe«) und Sexualtrieben aufgeben, damit der alte Dualismus widerstrebender Triebe erhalten bleiben konnte. Indem er nicht mehr von der Triebquelle ausging, sondern von der Triebrichtung, konnte er einen neuen Triebdualismus formulieren: Er traf eine Unterscheidung zwischen Ich-Libido und Objektlibido. Die letzte Veränderung erfährt die Triebtheorie 1920 in »Jenseits vom Lustprinzip«. Hier stellte er den Lebenstrieb (Libido) dem Todestrieb gegenüber. Ausdrücklich betont *Freud* (1920, 57) bei der Revision seiner Triebtheorie den dualistischen Charakter: »Unsere Auffassung war von Anfang an eine dualistische und sie ist es heute schärfer denn zuvor, seitdem wir die Gegensätze nicht mehr Ich- und Sexualtriebe, sondern Lebens- und Todestriebe benennen.« Doch ganz froh ist *Freud* mit seiner Todestriebannahme wohl nie geworden. So hat er ihre Anerkennung auch nicht von seinen Ausbildungskandidaten vorausgesetzt, und scheinbar etwas resigniert stellt er 1930 (S. 247) fest: »Die Annahme des Todes- bzw. Destruktionstriebes hat selbst in analytischen Kreisen Widerstand gefunden.«

35 In einem »Psyche«-Aufsatz diskutiert *Hoffmann* (1972) das ungeklärte Problem in der psychoanalytischen Theorie, woher das Ich seine Energie bekommt. Dabei bezieht er sich ausführlich auf *Hartmann*s schon sehr frühen Versuch von 1927, durch sein »Neutralisationskonzept« dem Ich ein höheres Maß an Autonomie zuzugestehen. Zusammenfassend stellt *Hoffmann* (1972, 412) fest: »Das Verdienst von *Hartmann*s Konzept der Neutralisierung liegt m. E. darin, daß er in Erweiterung des *Freud*schen Ansatzes dargetan hat, wie man sich die Energetisierung der Instanz ›Ich‹ zumindest denken kann, wenn man sich aufgrund von Voraussetzungen schon nicht dazu entschließt, ihm eigene Energie zuzubilligen, was das einfachste wäre.« Ich meine, daß *Schmidbauer*s Versuch ein Schritt in diese Richtung ist. Deutlich wird das, wenn *Hoffmann* auf die Bedeutung des amerikanischen Psychologen *R. W. White* eingeht – wie *Schmidbauer* (1974) im übrigen auch. So zeigen nach *White* alle entsprechenden Untersuchungen, daß

das Kleinkind sich durch eine fortwährende explorative Haltung seiner Umwelt gegenüber auszeichnet: »Wirkungsdrang« bzw. »Effektanz« (»effectance«) nennt er das Motiv, die Eigenarten der Umwelt zu erforschen, wobei »Kompetenz« das kumulative Resultat dieser dauernden Erforschung als Interaktionsprozeß mit der Umwelt genannt wird. Dieses »Kompetenzgefühl« (»sense of competence«) bildet sich nicht passiv, sondern durch die aktive Erforschung der Realität (vgl. *Hoffmann* 1972, 416ff.). – Auch *Lustman* (1969), ein amerikanischer Analytiker, geht aufgrund von Beobachtungen an einem drei Tage alten Säugling von der »Existenz eines solchen rudimentären Ichs beim Neugeborenen« aus.

36 *Lorenzer* (in: *Görlich* u. a. 1980, 315) kritisiert *Fromm* wegen der Aufgabe der *Freud*schen Triebtheorie: »Weil er aber zu Recht die Persönlichkeit als sozial bestimmte verstehen will, wird die Leiblichkeit des Erlebens als biologisch abgetan, und das hat für ihn die Konsequenz – den Trieben wird keine inhaltsbestimmende Bedeutung mehr zugebilligt, sie verblassen zum bloßen Instinkt.« Diese Kritik würde *Lorenzer* vermutlich im selben Tenor auch an *Schmidbauer*s Konzept anbringen. Indes scheint mir *Lorenzer* zu triebgläubig freudianisch, denn die »bloßen Instinkte« sind keinesfalls inhaltsleer. Wie *Fromm* schreibt, strebt der Mensch gerade auf dem »bloßen« Instinktniveau schon nach »sozialer Anerkennung«, nach »Aktivität« und nach »Verbundenheit mit der Welt«. *Schmidbauer* sieht die Instinkte ebenfalls nicht beliebig anpassungsfähig, sondern erklärt Krankheit in seinem Konzept durch das Auseinanderfallen von biologischer Evolution (deren Resultat die Reflexe sind) und kultureller Evolution (also der historisch-kulturellen Gewordenheit).

37 Diese Phase beschrieb *Freud* (1914) später als »Analerotik« und »primären Narzißmus«. Die libidinöse Besetzung bezieht sich hier ganz auf den eigenen Körper, Objektbeziehungen sind dem Kleinkind hier noch nicht möglich. Der ungarische Analytiker *Balint* (1965), ein Schüler *Ferenczi*s, hat diese *Freud*sche Theorie bestritten und spricht statt dessen von »primärer Objektliebe«, denn die narzißtische Liebe, die Selbstliebe, als primär, als angeboren anzusehen, hält er für falsch. Seiner Meinung nach zeigt der Säugling immer schon »objektgerichtete Aktivität«, was sich z. B. beim Stillen beobachten läßt, das bekanntermaßen kein passiver Vorgang ist, sondern ein hohes Maß aktiver Saugleistung vom Neugeborenen verlangt. Diese Phase ist unüberspringbar; spätere Störungen können hier ihre Ursache haben. Das Streben nach objektgerichteter Zuwendung haben *Balint* und *Ferenczi* auch in ihren Analysen erfahren. Alle Anklammerungswünsche ihrer Patienten waren »ausnahmslos objektgerichtet« (*Balint* 1965, 101). Die maßvolle Befriedigung dieser Wünsche »löste ein stilles, ruhiges Wohlbefinden« aus (ebenda). So wurden sie zu den Begründern der Objekttheorie, d. h. neurotische Störungen verstanden sie nicht unbedingt als (psychosexuelle) Entwicklungskonflikte, wie sie sich bei *Freud* im Ödipuskomplex manifestieren, sondern als Erfahrungsdefizit an maßvoller Zuwendung. *Ferenczi* trat in diesem Sinne schon früh für eine »aktive Haltung« des Ana-

lytikers ein. Er sollte dem Patienten das Defizit an mütterlicher Liebe ein Stück weit ersetzen. Daraus folgte eine Kontroverse zwischen *Freud* und *Ferenczi*, die die Psychoanalyse bis heute bestimmt und durch *Cremerius* (1979) noch mal auf den Punkt gebracht wurde, wenn er fragt: »Gibt es zwei psychoanalytische Techniken?«

Relevanz hat die Frage bezüglich der analytischen Haltung des Therapeuten allemal. Während *Freud*, zumindest theoretisch, die abstinente Haltung eines Chirurgen empfahl und jede Deutung des Unbewußten eine Kränkung bedeuten sollte, stehen die Objekttheoretiker auf der Seite der empathischen Einfühlung. Bedeutung haben hier besonders *Kohut* und *Miller* erlangt, die die Triebtheorie ablehnen und die meisten neurotischen Störungen in der frühen Kindheit ansiedeln, deren Folge Selbstzweifel mit unintegrierten Allmachts- und Ohnmachtsphantasien sind.

38 Der Sozialpsychologe *G. H. Mead* (1973) spricht hier vom »signifikanten Anderen«, auf den jeder Neugeborene trifft, und über den sich die Sozialisation und Gesellschaftsstruktur vermittelt, in die man hineingeboren wurde.

39 In der Primärsozialisation repräsentieren die »signifikanten Anderen« (*Mead*) die soziale Wirklichkeit. Auch in der sekundären Sozialisation bedarf das Individuum zur Wahrung seiner Identität der Bestätigung anderer. Diesen Zusammenhang beschreiben *Berger* und *Luckmann* (1969, 168 ff.) als »Plausibilitätsstreben«. Fallen die Erfahrungen der primären und sekundären Sozialisation stark auseinander, muß sich der einzelne neue »signifikante Andere« suchen, mit denen er sich identifizieren kann. Dies kann eine Gruppe oder ein Therapeut sein. Vielleicht wird unter diesem Aspekt die besondere Anziehungskraft von Psychogruppen und Sekten verständlich: Hier findet der vereinzelte Einzelne eine wertstabile Gruppe, in der er sich über gleichwertige Identifikationsprozesse wieder neu orientieren kann. Diesen Gruppen kommt dann eine ähnliche Bedeutung zu wie den »signifikanten Anderen« der Primärgruppe.

40 Einen weiteren interessanten Aspekt des »Narzißmus in unserer Zeit« führt *Wangh* (1983) an, wobei er zwei Ursachen für dieses Phänomen herausstellt: Zuerst nennt er das »Abwehrmanöver gegen eine relativ *späte* Triebüberflutung, die sich aus der Konstellation der Klein- und Einpersonenfamilie mit einem hohen Maß an Nähe zwischen Mutter (selten Vater) und Kind ergibt. Als Folge dieses symbiotisch engen Klimas entsteht beim Kind die Angst, verschlungen zu werden. Diese Verschmelzungsängste – ein Begriff, der stark auf die Genese von Psychosen verweist – sind jedoch in Wirklichkeit meist Ängste vor *zuviel* Empathie mit dem verlassenen, einsamen und sehnsüchtigen Elternteil.« Die zweite wesentliche Ursache stellt die »Folgeerscheinung *frühester* konstruktiver Bemühungen, den generalisierenden Teilauswirkungen eines erhöhten Niveaus von Grundangst entgegenzuwirken«, dar. Diese hat ihren Grund in der atomaren Bedrohung und der vor dem realistischen Weltuntergang einhergehenden kollektiven Verleugnung.

41 *Ohlmeier* (1982) spricht in diesem Zusammenhang von »Gruppenintrojekt«. *Lorenzer* (1972) versucht den klassischen Triebbegriff zu retten, in-

dem er postuliert, daß der Trieb selbst schon hervorgeht aus der Auseinandersetzung zwischen innerer Natur und gesellschaftlicher Praxis. Dieser Vorgang drückt sich als »Interaktionsform« aus. Damit hat er zwar den Trieb von seinem rein biologischen Charakter befreit, kann aber gleichzeitig nicht mehr sagen, was denn das »naturhafte« sei, welches der »Stachel Freuds« ist, den er immer wieder verteidigt (vgl. auch *Görlich* u. a. 1980 und Anm. 36).

42 *Fromm* (1974, 158 ff.) greift bei der Untersuchung der Sammler und Jäger-Gesellschaften einen für unseren Gegenstand interessanten Gedanken auf. Aufgrund der egalitären, also nicht durch Dominanz beherrschten Gemeinschaft war das Überreichen von Geschenken mit der uns vertrauten Bedeutung völlig unbekannt. Jeder der etwas benötigte, bekam es, und zwar ohne sich dafür zu bedanken. Bezogen auf die sogenannten Helferberufe ist dies m. E. von Interesse, da mit der Armenfürsorge und der »gerechten« Verteilung der Almosen sich erst die Helferprofession entwickelte. Obwohl heutzutage in Westdeutschland ein rechtlicher Anspruch auf staatliche Unterstützung besteht, wird das Ritual, diese Hilfe zu beantragen, von den Antragstellern meistens als Almosenbitte empfunden. Sie haben nicht das Gefühl, daß ihnen dieser Teil des gesellschaftlichen Reichtums zusteht. Hier zeigt sich deutlich, wie die helfenden Berufe sich erst in einem System von Ungleichheit etablieren konnten und teilweise für deren Aufrechterhaltung eingesetzt werden. »Mit Geschenken macht man Sklaven, genauso wie mit Schlägen Hunde gemacht werden«, zitiert *Fromm* (1974, 160) einen amerikanischen Anthropologen, der das Geschenkritual zur Zeit der Sammler und Jäger und unserer kapitalistischen Gesellschaft verglichen hat.

43 *Mario Erdheim*, Ethnoanalytiker, unternimmt in seinem Buch (1984) den Versuch, »die gesellschaftliche Produktion von Unbewußtheit« zu untersuchen. Dabei bleibt er nicht auf der Ebene der Familie stehen, sondern fragt, was die soziale Umwelt unternimmt, um Unbewußtheit sowohl herzustellen als auch zu erhalten. Der Ort der gesellschaftlich organisierten Produktion von Unbewußtheit sind in erster Linie jene Institutionen, die das gesellschaftliche Leben organisieren und gestalten. Durch Initiationsriten transformieren sie das im Familienmilieu erzeugte Unbewußte in sozial erwünschtes und erzwungenes Unbewußtes. Bestimmt wird dieser Prozeß durch Herrschafts- und Machtinteressen. Mittels der Ethnoanalyse vergleicht er »kalte« und »heiße« Kulturen. In den »kalten Gesellschaften«, zu denen auch die Sammler und Jäger zu zählen sind, konnte sich der Einzelne gefahrlos auf Regression einlassen, da sich die Gruppe um ihn sorgte. In den späteren »heißen Kriegergesellschaften« hingegen macht die Regression, weil sie im Rahmen gesellschaftlicher Machtinteressen stattfindet und nicht mehr im Dienste des Ich steht, das Individuum ausbeutbar und liefert es so der Herrschaft und seinen Institutionen aus.

Ein anderes Problem stellt die unterdrückte Aggression dar: »Die Unfähigkeit, Kulturverbote zu verinnerlichen und ein entsprechendes Über-Ich zu entwickeln, ist ein Element des psychosozialen Elends: Die aggressiven

Tendenzen des Menschen können nicht gebunden werden und richten sich gegen ihn selbst sowie gegen die Kultur« (*Erdheim* 1984, 159). Obwohl *Erdheim* bei seinen Ausführungen auf *Bernfeld* verweist, der bei der Entstehung der Neurosen nachdrücklich auf die Bedeutung des »sozialen Ortes« hinweist, bleibt *Erdheim* in traditioneller psychoanalytischer Denkweise stecken, die das Paradigma der Kulturfeindlichkeit zur Grundlage ihrer Theorie macht. Könnte man bei gleichem Ergebnis auf der Erscheinungsebene (Selbstaggression und Kulturzerstörung) nicht auch genau entgegengesetzte Ursachen annehmen? Nämlich: Das Element des psychosozialen Elends ist zu suchen in dem brüchigen Kulturangebot, das keine kontinuierliche Ich-Entwicklung zuläßt. Aggressive Tendenzen, die dem Neugierverhalten entspringen, müssen kulturell abgespalten werden und richten sich so in der verselbständigten, nicht mehr integrierbaren Dynamik gegen das eigene Selbst bzw. wenden sich destruktiv gegen seine destruktive Kultur.

44 *Gottschalch* (1984, 58) kommt in seinen Reflexionen über den aufrechten Gang, damit beginnender Entfremdung des Menschen und dem Streben nach Autonomie, zu ähnlichen Ergebnissen: »Neurotische und psychotische Ängste werden von unbewußten verbotenen Wünschen und inneren Wahnbildern verursacht. Beide Angstformen treten häufig auf, wo man überflüssiger Herrschaft unterworfen ist und seine Aggressionsbedürfnisse nur so befriedigen kann, daß man mit Moral und Gesetz in Konflikt gerät.«

45 Drei Fluchtmechanismen aus dieser »Angst vor Isoliertheit«, diesem neuen Grundgefühl der Menschen seit der Zunahme individueller Freiheit mit dem 15./16. Jahrhundert, sind nach *Fromm* (1941) typisch:
1. »Autoritätshörigkeit«: Dazu gehört, wie schon angedeutet, die Unterwerfung unter einen mächtigen Gott oder auch unter einen Führer oder Herrscher. Dieser Fluchtmechanismus bildet die sozialpsychologische Grundlage für das Verständnis des Faschismus. In diese Kategorie gehört ebenfalls der Masochismus, der das Ziel verfolgt, das individuelle Selbst loszuwerden.
2. »Zerstörungstrieb«: Er zielt auf die Beseitigung eines Objektes und
3. »automatischer Gehorsam«: Dieser Fluchtmechanismus stellt eine Lösung dar, die die Mehrzahl der Individuen in unserer Gesellschaft wählt; dieser Persönlichkeitstyp wird besonders durch die kulturellen Verhaltensweisen als erstrebenswert angeboten.

Ohne sich auf *Fromm* zu beziehen, kommt *Richter* (1979) in seinem Buch »Der Gotteskomplex« zu ähnlichen Ergebnissen. Er geht auch davon aus, daß den Menschen die Befreiung aus den finsteren, phantasierten und projizierten Mächten des Mittelalters nicht gelungen ist, weil sie gegen alle Aufklärung in einem »Allmachts-Ohnmachts-Komplex« gefangen blieben. Trotz aller Beherrschung der äußeren Natur konnte sich der Mensch aus seiner Endlichkeit und Naturabhängigkeit nicht wirklich befreien. Grenzenlos scheint seine narzißtische Kränkung und Wut darüber. Die aus Ohnmachtsängsten vollzogene Projektion Gottes ins menschliche Ich verhindert genau das Zulassen des Leidens und treibt die Menschheit so in eine narzißtische Krise.

46 Während die Oberschicht sich immer schon erlauben konnte, ihr Machtstreben aggressiv durchzusetzen und sich die mittellose Unterschicht offenbar noch gegen die Ausbeutung auflehnen konnte, war die aufstrebende Mittelschicht eher konservativ, wie *Fromm* (1941, 80) festhält. Sie war getrieben von der Angst, in die Armut abzurutschen, hatte aber auch die Illusion, durch Leistung und Anpassung am gesellschaftlichen Reichtum partizipieren zu können. Daher mußten hier Feindseligkeit und Aggressivität verdrängt werden. Vielleicht erklärt dies auch die von *Neidhardt* (1973) beobachtete »Aggressionsgehemmtheit« der aus der Mittelschicht stammenden Pädagogen.

47 In Anlehnung an *M. Mead* unterscheidet *Gottschalch* (1984, 24) »Schamkulturen« und »Schuldgefühlskulturen«, wobei erstere evolutionär die älteren sind und in ihnen die Außenlenkung eine wichtige Rolle spielt, während in Schamgefühlskulturen die gesellschaftlichen Normen durch verinnerlichte Gewissensbildung reguliert werden.

48 Vgl. auch *Leithäuser* (1981, 113f.), der die zwanghafte Tendenz, wie sie sich im Wiederholungszwang zeigt, in Korrespondenz mit der »äußeren« erlebten Natur als sich wiederholende Teilarbeit sieht. Hier bauen sich in der Sozialisation psychische Strukturen auf, die die Bedingungen äußerer Natur zwar stabilisieren, aber nicht bruchlos zur Deckung gelangen. Ebenso *Bammé* u. a. (1983), die die frühe Vergesellschaftung unter Bedingungen industrieller Produktionsweise diskutieren. Mit ihnen läßt sich rekonstruieren, daß sich die technische Struktur auch im psychosozialen Bereich durchgesetzt hat: Die industriell unabdingbare Voraussetzung vergleichbarer abstrakter Zeiteinteilung findet im Beratungs-Setting seine Entsprechung. Denn auch in der Supervision schlägt in der Regel der 90-Minutentakt, der zumindest auf dieser Ebene noch so unterschiedliche Beratungsqualitäten und -erfahrungen in eine gleichförmige Tauschstruktur zwängt, die wiederum Vergleichbarkeit zuzulassen scheint.

49 Soziologen sprechen in diesem Zusammenhang vom »Funktionsverlust der Familie«: Das »ganze Haus« als Einheit von Wohnen und Arbeiten unterschiedlicher Generationen zerfällt seit dem 19. Jahrhundert zunehmend und entwickelt sich zur Fortpflanzungsgemeinschaft. Die Spaltung von Arbeit und Wohnen führte zu einer »Emotionalisierung des Familienlebens«: Häuslichkeit, romantische Partnerwahl, Gattenliebe und Kinderliebe sind seine Säulen (*Schmidt* 1986).

Dazu schreibt *Fromm* (1932, 17): »Die Familie ist das Medium, durch das die Gesellschaft bzw. die Klasse die ihr entsprechende, für sie spezifische Struktur dem Kind und damit dem Erwachsenen aufprägt; die Familie ist die psychologische Agentur der Gesellschaft.«

50 Kapitalismus transzendiert das Bedürfnis nach Einmaligkeit und Individualität (*Leithäuser* 1981). Dafür setzen sich seine immanenten Werte auf der individuellen Ebene durch. Ich denke z. B. an das Problem des individuellen Wertes, nicht nur als Arbeitskraft, sondern auch als Beziehungswesen eine Identität ausbilden zu müssen.

Günter Anders (1986) zeigt am Beispiel des US-amerikanischen SDI-Programms, wie sich das Problem der Unendlichkeit politisch und wirtschaftlich durchsetzt. Er nennt das Vorhaben einen »Ewigkeitsauftrag«, da Politik sich hier durch ihre Repräsentanten ihre Omnipotenz beweist. Das Greifen nach den Sternen ist technisch ein letztlich nicht realistisches Ziel, deshalb gibt es auch niemals ein Stadium, an dem man den Erfolg messen könnte. Die Unmöglichkeit des ganzen Unternehmens läßt sich unter gegebenen unklaren Zieldefinitionen nicht feststellen, Fehler können so immer als Teil des Ganzen ausgegeben werden.

51 *Tugenthat* (1985) geht der Frage nach, wie es eigentlich erklärbar ist, daß trotz wachsender ökologischer und atomarer Bedrohung keine breite Bewegung dagegen sichtbar ist, statt dessen nur diffuse Ängste registriert werden können. In seiner Antwort kann ich ihm zustimmen: Wenn die Bedrohung sinnlich nicht mehr faßbare Dimensionen annimmt, muß die Angst verleugnet werden, da keine adäquaten Handlungen zur Reduzierung der Gefahr zur Verfügung stehen.

52 Vgl. *Pines* (1979) und *Gfäller* (1986). Aus *Foulkes* Schriften wird mir das allerdings nicht so explizit deutlich.

53 Interessanterweise gehört auch die Gestaltgruppenarbeit in diese Kategorie. Dies ist umso verwunderlicher, als gerade diese Therapieform sich als Ganzheitsmethode versteht, der es darum geht, abgespaltene Anteile wieder zu integrieren. Dabei läßt sie aber das konkrete soziale Umfeld außer acht und damit wesentliche Erkenntnisse der Gestalttheorie brachliegen, daß nämlich die »Gruppe als dynamisches Ganzes« eine eigene Qualität besitzt, die sich auf das je individuelle Handeln ständig auswirkt. – Dieser begrenzte Gestalttherapieansatz wird besonders deutlich bei *Ronall* und *Feder* (1983).

54 Um die Gruppe als ein dynamisches Ganzes zu beschreiben, wird in der Literatur gerne auf das Bild zurückgegriffen, die »Gruppe als Körper« zu bezeichnen. Ich halte diesen Vergleich für biologistisch, da er die soziale Realität nicht zu fassen vermag. Die »Gruppe als Ganzes« ist zwar etwas anderes als die Summe ihrer Teile, ohne deswegen jedoch gleich zu einem Körper zusammenzuwachsen. Die Gestalt der Gruppe, auch die äußere, kann sich verändern: Mitglieder können ausscheiden, neue dazukommen, ein natürlicher Prozeß der Veränderung einer jeden Gruppe. Der Körper, in enger Assoziation zum menschlichen Körper, besteht zwar aus einzelnen Organen und dergleichen, die in dynamischer Beziehung sich befinden, das Auswechseln einzelner Organe hingegen ist erst durch die Chirurgie möglich geworden, die den Körper am liebsten wie ein Auto behandeln möchte, in dem die ausgedienten Teile durch neue, funktionsfähige ersetzt werden. Für die konkrete Arbeit mit Gruppen ist diese vorgenommene Differenzierung keinesfalls überflüssig. Der Gruppenleiter, der – wie zum Beispiel *Argelander* oder *Bion* – die Gruppe als Körper sieht, wendet sich mit seinen Interventionen immer an die gesamte Gruppe. Der Einzelne fällt dabei zunehmend heraus. In der nicht-biologistischen Betrachtungsweise, wie wir sie durch *Foulkes* in seinem Modell der Gruppenanalyse kennen, werden

beide Pole gleichberechtigt gesehen. Hier stehen Einzelner und Gruppe in einem dynamischen Wechselspiel zueinander. Im Konzept der Gestalttheorie wird der Einzelne zwar in Abhängigkeit zur Gruppe gesehen, im Austragen und Agieren von Konflikten wird er sozusagen zur Figur auf dem Gestalthintergrund der Gesamtgruppe; trägt deren Konflikte dabei genauso voran, treibt sie so auf die Spitze, verändert sich individuell dabei ebenso wie die Gesamtkonfiguration der Gruppe, wenn es gelingt, sein Handeln im Kontext der Gruppe zu sehen. Diese Integrationsleistung kommt insbesondere dem Gruppenanalytiker zu.

55 Die beiden amerikanischen Gruppenanalytiker *Stock* und *Lieberman* beurteilen Gruppenprozesse danach, inwieweit die Ängste losgelassen und bewußtgemacht werden können. Herrscht in einer Gruppe vor einem unbewußten Thema große Angst, wird es von der Mehrheit der Mitglieder ausgespart. Doch die grundlegenden Konflikte werden in Form von »Scheinlösungen« einer oberflächlichen Klärung zugeführt.

Da aber dadurch das tiefere angstauslösende Motiv nicht aufgelöst ist, führen diese »Scheinlösungen«, die die Autoren als »restriktive Lösungen« bezeichnen, über kurz oder lang zu einer solchen Blockierung in der Gruppe, daß nur noch über Belangloses gesprochen werden kann. Dem Gruppenleiter kommt hier die Aufgabe zu, das oder die Gruppenmitglieder zu unterstützen, die die unterdrückte progressive Lösung vorantragen können.

56 In ihrem »Göttinger Modell« integriert *A. Heigl-Evers* (1978) gleichermaßen psychoanalytische und sozialpsychologische Konzepte; sie versucht nicht nur die unbewußten Phantasien und Objektbeziehungen der Teilnehmer zu sehen, sondern gleichermaßen die einzelnen Aktivitäten der Teilnehmer, indem sie *R. Schindler*s (1957/58) Konzept der »soziodynamischen Rangstruktur« in ihr Modell integriert. *Heigl-Evers* bezeichnet ihr Konzept als »Schichten-Modell«, dem topischen Modell der Psychoanalyse abgebildet, weil Gruppe hier in drei Schichten erscheint: die Ebene der manifesten und bewußten Interaktion, eine vorbewußte Ebene der psychosozialen Abwehrmechanismen und eine Ebene der unbewußten Phantasien bzw. Objektbeziehungen. Insgesamt ein anspruchsvolles Konzept, das Gruppe sowohl als eigenständige Entität faßt als auch die einzelnen Mitglieder in ihrer je spezifischen Biographie und Situation. Leider wirkt der Ansatz sehr kompliziert und oft schwer nachvollziehbar. Die Kritik an den Neo-Analytikern trifft auch hier: Die Therapietechnik wurde verfeinert und weiterentwickelt auf Kosten des gesellschaftlichen Kontextes, der sich gerade in Gruppen abbildet.

57 Folgende Autoren sehen – trotz unterschiedlicher Akzentuierung – die Sündenbockbildung als Ausdruck einer gestörten Gruppendynamik: *Boszormenyi-Nagy/Spark* 1981, 56f.; *Brocher* 1969, 159; *Conrad/Pühl* 1983, 136ff.; *Garland/Kolondry* 1975; *Foulkes* 1974, 169; *Heigl-Evers* 1978, 52; *Merl* 1979, 85; *Pühl* 1988; *Sbandi* 1975; *Schmidbauer* 1979, 85; *Slater* 1970, 69; *Vogel/Bell* 1970.

58 *Adorno* (1972) hat in einem Referat mit ähnlichem Titel (»Individuum und Organisation«) Organisationen und naturwüchsige Gruppen differenziert. Danach ist eine »Organisation ein bewußt geschaffener und gesteuerter Zweckverband«, dessen wesentliches Kriterium die Zweckrationalität ist (S. 441). Trotz des »Werkzeugcharakters, wie sich Menschen unter entfremdeten Verhältnissen der Organisation nähern, stellen die Einrichtungen eine Form der Vergesellschaftung dar, bleiben etwas von Menschen für Menschen Geschaffenes« (S. 445). Die ständige Expansion der Organisation macht es dem Einzelnen immer schwerer, sich als Teil des Ganzen zu erleben. Die Institution als das Anonyme ist nicht mehr durchschaubar. Das Unbehagen daran macht sich an der Bürokratie fest. Nach *Adorno* wird sie zum »Sündenbock der verwalteten Welt«, durch die Kritik an ihr und den Repräsentanten läßt sich die Gefahr der Entmenschlichung noch vermenschlichen, also greifbar machen.

59 Diese, wie ich meine, naive Weltsicht hat zur Zeit wieder Hochkonjunktur und wird uns unter dem Begriff der »systemischen und ökologischen Sichtweise« publikationswirksam verkauft. Bei *Capra* (1984) zum Beispiel, einem der ideologischen Wegbereiter des »New Age«, besagt dieser ökologische Ansatz, daß die Wirtschaft ein lebendiges, aus Menschen und Institutionen bestehendes System sei, das sich in permanenter Interaktion untereinander und mit den umgebenden Ökosystemen befindet und – genauso wie ein individueller Organismus – ein komplexes Beziehungsgeflecht bildet, in dem Tiere, Pflanzen, Mikroorganismen und unbelebte Substanzen untereinander verbunden und voneinander abhängig sind.

Aus dieser »systemtheoretischen Sichtweise« erscheint Gesellschaft als ein biologischer Organismus und Staat nur als »black box« von Herrschaft, als Mega-Apparat, der sich der Gesellschaft gegenübergestellt hat. Erklärbar werden damit jedoch nicht die sich krisenhaft verändernden Ökosysteme. So positiv die »ökologische, ganzheitliche« Sichtweise als Paradigmawechsel zur Bewußtseinsveränderung sein mag, so wenig Platz ist darin, die unbewußten Phänomene wie Narzißmus und Größenphantasien auf historischem Verständnis zu entwickeln.

Problematisch scheint mir die These zu sein, daß allein durch kommunikativen Austausch, durch die damit einhergehende Hoffnung auf Einsicht, strukturelle Veränderungen einzuleiten sind. Das heißt nicht, daß dieser Weg nicht begangen werden sollte, denn die Subsysteme stehen zweifellos in dynamischem Austausch und sind nur in ihrer Gesamtheit veränderbar; das bedeutet jedoch, daß die Arbeit mit einem Team unterhalb der Hierarchieebene die Institutionsstruktur dauerhaft nicht verändern wird. Eine mir praktikabel erscheinende Gratwanderung bestünde darin, sowohl auf der egalitären Teamebene als auch in getrennten Beratungen – eventuell sogar mit verschiedenen Beratern – mit dem Gesamtsystem zu arbeiten, um zu einer »Institutionsanalyse« (*Wellendorf* 1986) zu gelangen.

60 Wie *Schmidbauer* erweitert *Fromm* (1981, 82 ff.) den Verdrängungsbegriff. Verdrängt wird nicht in erster Linie Sexuelles, vielmehr stellt die Angst vor

der gesellschaftlichen Isolation und der daraus resultierende Anpassungsdruck eine viel stärkere Kraft zur Verdrängungsnotwendigkeit dar als die von *Freud* angenommene Kastrationsangst. Ich glaube, daß man in diesem Sinne dennoch symbolisch die Kastration als gesellschaftlich reduzierte Erfahrungs- und Neugierbefriedigungsmöglichkeit verstehen kann.

Literaturverzeichnis

Adler, A. (1933): Der Sinn des Lebens. Frankfurt/M.
Adorno, Th. W. (1946): Die revidierte Psychoanalyse, in: Görlich u. a. 1980
– (1972): Individuum und Organisation, in: Ders., Gesammelte Schriften 8, Soziologische Schriften 1. Frankfurt/M.
Anders, G. (1986): »Denn sie wissen nicht, was sie tun.« Philosophische Überlegungen zu Reagan, SDI und Wissenschaft und Business, in: Frankfurter Rundschau v. 15.5.1986
Anselm, S. (1979): Angst und Solidarität. Eine kritische Studie zur Psychoanalyse der Angst. München
Argelander, H. (1963): Die Analyse psychischer Prozesse in der Gruppe, in: Psyche 17/1963
– (1972): Gruppenprozesse – Wege zur Anwendung der Psychoanalyse in Behandlung, Lehre und Forschung. Reinbek b. Hamburg
– (1980): Die Struktur der »Beratung unter Supervision«, in: Psyche 1/1980
Balint, M. (1957): Der Arzt, sein Patient und die Krankheit. Stuttgart
– (1965): Die Urformen der Liebe und die Technik der Psychoanalyse. Frankfurt/M. 1981
– (1970): Therapeutische Aspekte der Regression. Die Theorie der Grundstörung. Stuttgart
Bammé A./Feuerstein, G./Geuth, R./Holling, E./Kahle, R./Kempin, P. (1983): Maschinen-Menschen, Mensch-Maschinen. Reinbek b. Hamburg
Bauriedl, Th. (1980): Beziehungsanalyse – Das dialektisch-emanzipatorische Prinzip der Psychoanalyse und seine Konsequenzen für die psychoanalytische Familientherapie. Frankfurt/M.
– (1986): Veränderungsprozesse in Balintgruppen, in: H. Pühl/W. Schmidbauer (Hg.) 1986a
Berger, P. L./Luckmann, Th. (1969): Die gesellschaftliche Konstruktion der Wirklichkeit. Eine Theorie der Wissenssoziologie. Frankfurt/M.
Bernfeld, S. (1925): Sisyphos oder die Grenzen der Erziehung. Frankfurt/M. 1969
– (1927): Sozialismus und Psychoanalyse, in: Marxismus, Psychoanalyse, Sexpol I. Frankfurt/M. 1970
– (1974): Antiautoritäre Erziehung und Psychoanalyse, Bd. 1, hg. v. L. v. Werder und R. Wolff. Frankfurt/M.
Bion, W. R. (1971): Erfahrungen in Gruppen und andere Schriften. Stuttgart
Bonstedt, Ch./Lindner, W.-V. (1975): Interdisziplinäre Arbeit im sozialen Feld. Beschreibung einer Arbeitsgruppenentwicklung, in: Gruppenpsychotherap. Gruppendynamik 9/1975

Boszormenyi-Nagy, I./Spark, G. M. (1981): Unsichtbare Bindungen. Die Dynamik familiarer Systeme. Stuttgart
Bowlby, J. (1961 a): Ethologisches zur Entwicklung der Objektbeziehungen, in: Psyche 9/1961
– (1961 b): Die Trennungsangst, in: Psyche 7/1961
Brocher, T. (1969): Anpassung und Aggression in Gruppen, in: A. Mitscherlich (Hg.), Bis hierher und nicht weiter. Ist die menschliche Aggression unbefriedbar? München
– (1973): Umgang mit Angst und Aggression in der therapeutischen Gruppe und im gruppendynamischen setting (T-Gruppe), in: Gruppenpsychotherap. Gruppendynamik 3/1973
Buchinger, K. (1984): Die Entwicklung der therapeutischen Beziehung in Gruppen, in: Gruppenpsychotherap. Gruppendynamik 19/1984
Bühler, K. (1918): Die geistige Entwicklung des Kindes. Jena
– (1927): Die Krise der Psychoanalyse. Stuttgart
Capra, F. (1984): Wendezeit. Bausteine für ein neues Weltbild. München
Conrad, G./Pühl, H. (1983): Team-Supervision. Gruppenkonflikte erkennen und lösen. Berlin (Völlig veränderte und erweiterte Neuauflage: H. Pühl [1988], Beratung zwischen den Stühlen: Team-Supervision. Berlin)
Cremerius, J. (1979): Gibt es zwei psychoanalytische Techniken?, in: Psyche 7/1979
– (1984): Die psychoanalytische Abstinenzregel. Vom regelhaften zum operationalen Gebrauch, in: Psyche 9/1984
De Vore, J. (1974): Die Evolution der menschlichen Gesellschaft, in: W. Schmidbauer (Hg.) 1974
Delumeau, J. (1985): Angst im Abendland. Reinbek b. Hamburg
Deutschmann, M. (1977): Die reelle Subsumtion der familialen Sozialisation unter das Kapital, in: Psychologie und Gesellschaft 3/1977, S. 103–142
Devereux, G. (1976): Angst und Methode in den Verhaltenswissenschaften. Frankfurt/M.-Berlin-Wien
Duerr, H. P. (1983): Traumzeit: Über die Grenzen zwischen Wildnis und Zivilisation. Frankfurt/M.
Eder, K. (1973): Zur Systematisierung der Entstehungsbedingungen von Klassengesellschaften, in: K. Eder (Hg.), Seminar: Die Entstehung von Klassengesellschaften. Frankfurt/M.
– (1977): Zum Problem der logischen Periodisierung von Produktionsweisen, in: U. Jaeggi/A. Honneth (Hg.), Theorien des Historischen Materialismus. Frankfurt/M.
Elias, N. (1982): Über den Prozeß der Zivilisation, 2 Bde. Frankfurt/M.
– (1987): Die Gesellschaft der Individuen. Frankfurt/M.
Enke, H. (1972): Umgang mit Aggression und Angst in der psychoanalytischen Gruppenpsychotherapie (versus Gruppendynamik), in: Gruppenpsychotherap. Gruppendynamik 5/1972
Erdheim, M. (1984): Die gesellschaftliche Produktion von Unbewußtheit. Eine Einführung in den ethnopsychoanalytischen Prozeß. Frankfurt/M.

Erikson, E. H. (1973): Identität und Lebenszyklus. Frankfurt/M.
– (1978): Kindheit und Gesellschaft. Stuttgart
Fenichel, O. (1934): Über die Psychoanalyse als Keim einer zukünftigen dialektisch-materialistischen Psychologie, in: Marxismus, Psychoanalyse, Sexpol I, hg. v. H. P. Gente. Frankfurt/M.
Ferenczi, S. (1934): Schriften zur Psychoanalyse, 2 Bde, hg. v. M. Balint. Frankfurt/M. 1970
Foulkes, S. H. (1971): Dynamische Prozesse in der gruppenanalytischen Situation, in: A. Heigl-Evers (Hg.) 1971
– (1974): Gruppenanalytische Psychotherapie. München
– (1978): Praxis der Gruppenanalytischen Psychotherapie. München-Basel
Freud, A. (1975): Das Ich und die Abwehrmechanismen. München
Freud, S. (1885): Über die Berechtigung von der Neurastenie einen bestimmten Symptomkomplex als »Angstneurose« abzutrennen, in: Gesammelte Werke Bd. I. Frankfurt/M.
– (1900): Die Traumdeutung, Gesammelte Werke, Bd. II und III. Frankfurt/M.
– (1904/1905): Drei Abhandlungen zur Sexualtheorie, in: Gesammelte Werke, Bd. V. Frankfurt/M.
– (1910): Die zukünftigen Chancen der Psychoanalytischen Therapie, in: Gesammelte Werke Bd. VIII. Frankfurt/M.
– (1912/1913): Totem und Tabu, in: Studienausgabe Bd. IX. Frankfurt/M.
– (1914): Zur Einführung des Narzißmus, in: Gesammelte Werke Bd. X. Frankfurt/M.
– (1917): Die Angst, in: Gesammelte Werke Bd. XI. Frankfurt/M.
– (1920): Jenseits vom Lustprinzip, in: Gesammelte Werke Bd. XIII. Frankfurt/M.
– (1921): Massenpsychologie und Ich-Analyse, in: Studienausgabe Bd. IX. Frankfurt/M.
– (1926): Hemmung, Symptom, Angst, in: Studienausgabe Bd. VI. Frankfurt/M.
– (1927): Zukunft einer Illusion, in: Studienausgabe Bd. IX. Frankfurt/M.
– (1930): Das Unbehagen in der Kultur, in: Studienausgabe Bd. IX. Frankfurt/M.
– (1933): Neue Folge der Vorlesungen zur Einführung in die Psychoanalyse, in: Gesammelte Werke Bd. XV. Frankfurt/M.
– (1939): Der Mann Moses und die monotheistische Religion. Drei Abhandlungen, in: Studienausgabe Bd. IX. Frankfurt/M.
Fromm, E. (1932): Über Methode und Aufgabe einer analytischen Sozialpsychologie: Bemerkungen über Psychoanalyse und historischen Marxismus, in: Ders., Analytische Sozialpsychologie und Gesellschaftstheorie. Frankfurt/M. 1970
– (1941): Die Furcht vor der Freiheit. Frankfurt/M. 1983
– (1974): Anatomie der menschlichen Destruktivität. Stuttgart
– (1979): Haben oder Sein. München

– (1981): Jenseits der Illusionen. Bedeutung von Marx und Freud. Frankfurt/M.

Garland, J. A. / Kolondry, R. L. (1975): Das »Sündenbock«-Phänomen. Kennzeichen und Bewältigung, in: S. Bernstein (Hg.), Neue Untersuchungen zur sozialen Gruppenarbeit. Freiburg

Gehlen, A. (1956): Urmensch und Spätkultur. Philosophische Ergebnisse und Aussagen. Bonn

Gfäller, G. R. (1986): Team-Supervision nach dem Modell von S. H. Foulkes, in: H. Pühl/W. Schmidbauer (Hg.) 1986a

Gnädiger, H. (1983): Der Supervisor als Therapeut, in: Zeitschr. Supervision 3/1983

Görlich, B. / Lorenzer, A. / Schmidt, A. (1980): Der Stachel Freud – Beiträge und Dokumente zur Kulturismus-Kritik. Frankfurt/M.

Gottschalch, W. (1984): Aufrechter Gang und Entfremdung. Pamphlet über Autonomie. Berlin

Grünther, R. A. (1983): Was ist Wahres an Hexensalben, in: R. Gehlen/B. Wolf (Hg.), Der gläserne Zaun. Aufsätze zu Hans Peter Duerrs »Traumzeit«. Frankfurt/M.

Habermas, J. (1968): Technik und Wissenschaft als Ideologie. Frankfurt/M.

Harrison, R. (1971): Das Tiefenniveau in der Organisationsintervention, in: Gruppendynamik 2/1971

Hartmann, H. (1972): Ich-Psychologie. Studien zur psychoanalytischen Theorie. Stuttgart

Heigl, F. (1959): Die Gegenübertragungsangst und ihre Bedeutung, in: Zeitschr. f. psychosom. Medizin IV/1959

– (1960): Über Bedeutung und Handhabung der Gegenübertragung, in: Zeitschr. f. psychosom. Medizin IV/1960

Heigl-Evers, A. (1978): Konzepte der analytischen Gruppenpsychotherapie (2. Aufl.). Göttingen

Heigl-Evers, A. / Hering, A. (1970): Die Spiegelung einer Patientengruppe, in: Gruppenpsychotherap. Gruppendynamik 2/1970

Heigl-Evers, A. / Heigl, F. (1972): Rolle und Interventionsstil des Gruppenpsychotherapeuten, in: Gruppenpsychotherap. Gruppendynamik 2/1972

Heigl-Evers, A. (Hg.) (1971): Psychoanalyse und Gruppe. Göttingen

Heimann, P. (1964): Bemerkungen zur Gegenübertragung, in: Psyche 18/1964

Heimler, A. (1973): Umgang mit Angst und Schuldgefühlen. Zum Problem der Übertragung und Gegenübertragung, in: Sozialpädagogik 1/1973

Heising, G. / Möhlen, K. (1980): Die »Spaltungsübertragung« in der klinischen Psychotherapie, in: Psychotherap. Med. Psycholog. 2/1980

Hoffmann, S. O. (1972): Neutralisation oder autonome Ich-Energien? Der Beitrag von R. W. White, in: Psyche 6/1972, S. 405–422

Holzkamp, K. (1973): Sinnliche Erkenntnis. Historischer Ursprung und gesellschaftliche Funktion der Wahrnehmung. Frankfurt/M.

Holzkamp-Osterkamp, U. (1975): Grundlagen der psychologischen Motivationsforschung Bd. 1. Frankfurt/M.-New York

– (1976): Grundlagen der psychoanalytischen Motivationsforschung Bd. 2. Die Besonderheit menschlicher Bedürfnisse – Problematik und Erkenntnisgehalt der Psychoanalyse. Frankfurt/M.-New York
Jacoby, R. (1978): Soziale Amnesie. Eine Kritik der konformistischen Psychologie von Adler bis Laing. Frankfurt/M.
Junker, H. (1978): Das Beratungsgespräch. Zur Theorie und Praxis kritischer Sozialarbeit. München (2. erw. Aufl.)
Kast, V. (1982): Wege aus Angst und Symbiose. Märchen psychologisch gedeutet. Freiburg im Breisgau
Kempler, W. (1975): Grundzüge der Gestalt-Familientherapie. Stuttgart
König, K. (1981): Angst und Persönlichkeit. Das Konzept vom steuernden Objekt und seine Anwendungen. Göttingen
Kofler, L. (1977): Aggression und Gewissen. München
Kohut, H. (1973): Narzißmus. Frankfurt/M.
Künzler, E. (1967): Angst und Angstabwehr in der menschlichen Gemeinschaft, in: H. Wiesbrock (Hg.), Die politische und gesellschaftliche Rolle der Angst. Frankfurt/M.
Kutter, P. (1973): Über die Beziehung zwischen Individuum und Institution aus psychoanalytischer Sicht, in: Akademie für Tiefenpsychologie und analytische Psychotherapie (Hg.), Individuum und Gesellschaft. Stuttgart.
– (1974): Sozialarbeit und Psychoanalyse. Göttingen
– (1976): Elemente der Gruppentherapie. Göttingen
Kutter, P. / Laimböck, A. / Roth, J. K. (1979): Balint-Gruppenarbeit mit Studentenberatern, in: Gruppenpsychotherap. Gruppendynamik 14/1979
Leithäuser, Th. (1981): Praxis, Wiederholungszwang und Zeiterfahrung, in: Schülein u. a., Politische Psychologie. Entwürfe zu einer historisch-materialistischen Theorie des Subjektes. Frankfurt/M.
Lewin, K. (1963): Feldtheorie in den Sozialwissenschaften. Bern-Stuttgart
Leyhausen, P. (1967): Zur Naturgeschichte der Angst, in: H. Wiesbrock (Hg.), Die politische und gesellschaftliche Rolle der Angst. Frankfurt/M.
Lieberman, M. / Lakin, M. / Whitaker, D. S. (1973): Probleme und Perspektiven psychoanalytischer und gruppendynamischer Theorien für die Gruppentherapie, in: K. Horn (Hg.), Gruppendynamik und der »subjektive Faktor«. Frankfurt/M.
Lorenzer, A. (1972): Zur Begründung einer materialistischen Sozialisationstheorie. Frankfurt/M.
Lurau, R. (1971): Die institutionelle Gegenübertragung und der Analysator, in: Gruppendynamik 2/1971
Lustman, S. L. (1969): Psychische Energie und Abwehrmechanismen, in: Psyche 23/1969, S. 170–183
Mahler, M. (1975): Symbiose und Individuation, in: Psyche 7/75
Malinowski, B. (1962): Geschlecht und Verdrängung in primitiven Gesellschaften. Hamburg
Marcuse, H. (1965): Triebstruktur und Gesellschaft. Frankfurt/M.
Màrkus, G. (1975): Der Mensch als gesellschaftliches und bewußtes Naturwe-

sen, in: Lukács/Heller/Fehér u. a., Individuum und Praxis. Positionen der »Budapester Schule«. Frankfurt/M.
Marx, K. (1844): Ökonomisch-Philosophische Manuskripte, in: Marx-Engels-Studienausgabe, Bd. II. Frankfurt/M. 1966
– (1867): Das Kapital, Bd. 1 (MEW Bd. 23). Frankfurt/M. 1972
Mead, G. H. (1973): Geist, Identität und Gesellschaft aus der Sicht des Sozialbehaviorismus. Frankfurt/M.
Menzies, I. E. P. (1974): Die Angstabwehr – Funktion sozialer Systeme. Ein Fallbeispiel, in: Gruppendynamik 5/1974
Mentzos, St. (1976): Interpersonale und institutionalisierte Abwehr. Frankfurt/M.
Moser, T. (1977): Verstehen – Urteilen – Verurteilen. Psychoanalytische Gruppendynamik mit Jurastudenten. Frankfurt/M.
Neidhardt, F. (1973): Aggressivität und Gewalt in unserer Gesellschaft. Stuttgart
Nolting, H.-P. (1978): Zur Erklärung von Sündenbockpositionen, in: Gruppendynamik 9/1978
Ohlmeier, D. (1982): Gruppeneigenschaften des psychischen Apparates, in: A. Heigl-Evers (Hg.), Kindlers Psychologie des 20. Jahrhunderts, Bd. 2: Tiefenpsychologie. Weinheim-Basel
Ottomeyer, K. (1976): Anthropologieproblem und marxistische Handlungstheorie. Gießen
– (1977): Ökonomische Zwänge und zwischenmenschliche Beziehungen. Soziales Verhalten im Kapitalismus. Reinbek b. Hamburg
Pagès, M. (1974): Das affektive Leben in Gruppen. Eine Theorie der menschlichen Beziehungen. Stuttgart
Pakesch, E. (1973): Spiegelphänomene in Supervisionsgruppen, in: Gruppenpsychotherap. Gruppendynamik 3/1973
Parin, P. (1972): Der Ausgang des ödipalen Konfliktes in drei verschiedenen Kulturen, in: Kursbuch 29
– (1975): Gesellschaftskritik im Deutungsprozeß, in: Psyche 29/1975
– (1978): Der Widerspruch im Subjekt. Ethnopsychoanalytische Studien. Frankfurt/M.
Peters, U. H. (1977): Übertragung-Gegenübertragung. München
Pines, M. (1979): Foulkes' Beitrag zur Gruppenpsychotherapie, in: A. Heigl-Evers (Hg.), Lewin und die Folgen. München
Pühl, H. (1976): Das Jackett, das die Angst verdeckte. Über die Schwierigkeiten emanzipatorischer Erwachsenenbildung, in: Päd.-extra 17/1976
– (1980): Sozialpsychiatrie in China, in: Die Tageszeitung (taz) v. 10.1.1980
– (1984): Methodische Überlegungen zur Bearbeitung unbewußter Gruppenprozesse, in: Ztschr. Supervision 6/1984
– (1988): Beratung zwischen den Stühlen: Team-Supervision. Berlin
Pühl, H./Schmidbauer, W. (Hg.) (1986a): Supervision und Psychoanalyse. Plädoyer für eine emanzipatorische Reflexion in den helfenden Berufen. München

Pühl, H. / Schmidbauer, W. (1986 b): Helfen als Beruf, Entfremdung und Supervision, in: Dies. (Hg.) 1986 a
Rauchfleisch, U. (1980): Zur Entwicklung und Struktur des Gewissens dissozialer Persönlichkeiten, in: Praxis der Kinderpsych. u. Kinderpsychiatrie 8/1980
Redl, F. / Wineman, D. (1979): Kinder, die hassen. München-Zürich
Reich, W. (1929): Dialektischer Materialismus und Psychoanalyse, in: Unter dem Banner des Marxismus III, o. O.
Reiche, R. (1972): Ist der Ödipuskomplex universell?, in: Kursbuch 29
Richter, H. E. (1963): Eltern, Kind, Neurose. Stuttgart
– (1979): Der Gotteskomplex. Die Geburt und die Krise des Glaubens an die Allmacht des Menschen. Reinbek b. Hamburg
Ronall, R. / Feder, B. (1982): Gestaltgruppen. Stuttgart
Roth, K. (1984): Hilfe für Helfer: Balint-Gruppen. München-Zürich
Rutschky, M. (1985): Freud und die Mythen, in: Mythos und Moderne, hg. v. K.-H. Bohrer. Frankfurt/M.
Sandner, D. (1976): Der Beitrag von S. H. Foulkes zur Entwicklung einer analytisch fundierten Gruppendynamik, in: Gruppenpsychotherap. Gruppendynamik 10/1976
– (1978): Psychodynamik in Kleingruppen. München-Basel
– (1984): Zur Methodologie der Erforschung des Gruppenprozesses in der analytischen Gruppentherapie, in: Gruppentherap. Gruppendynamik 19/1984
– (1986): Zur Wechselwirkung von Theorie, Praxis und Forschungsmethode bei der Erforschung des Prozesses in der analytischen Gruppenpsychotherapie (Gruppenanalyse), in: Gruppenpsychotherap. Gruppendynamik 21/1986
Selvini Palazzoli, M. / Boscolo, L. / Cecchin, G. / Prata, G. (1977): Paradoxon und Gegenparadoxon. Stuttgart
Sbandi, P. (1975): Lebenselement Gruppe. Kommunikation und Gruppe in psychischer Gesundheit und Krankheit. München
Schindler, R. (1957/58): Grundprinzipien der Psychodynamik in der Gruppe, in: Psyche 11/1957–58
Schindler, W. (1980): Die analytische Gruppentherapie nach dem Familienmodell. München-Basel
Schmidbauer, W. (1978): Vom Es zum Ich – Evolution und Psychoanalyse. München
– (1979): Selbsterfahrung in der Gruppe. Reinbek b. Hamburg
– (1985): Die Angst vor Nähe. Reinbek b. Hamburg
Schmidbauer, W. (Hg.) (1974): Evolutionstheorie und Verhaltensforschung. Hamburg
Schmidt, G. (1986): Das Große Der Die Das. Über das Sexuelle. Herbstein
Slater, P. E. (1970): Mikrokosmos: Eine Studie über Gruppendynamik. Frankfurt/M.
Sloterdijk, P. (1983): Kritik der zynischen Vernunft, 2 Bde. Frankfurt/M.
Spazier, D. / Bopp, J. (1975): Grenzübergänge. Psychotherapie als kollektive Praxis. Frankfurt/M.

Spitz, R. (1970): Nein und Ja. Die Ursprünge der menschlichen Kommunikation. Stuttgart
– (1976): Vom Säugling zum Kleinkind. Stuttgart
Stierlin, H. (1978): Delegation und Familie. Frankfurt/M.
Stock, D./Lieberman, M. A. (1976): Methodologische Ansätze zur Beurteilung von Gesamtgruppenprozessen, in: G. Ammon (Hg.), Analytische Gruppendynamik. Hamburg
Tugenthat, E. (1985): Keine Angst vor dem Atomkrieg?, in: Die Tageszeitung (taz) v. 6.8.1985
Vilmar, F./Runge, B. (1986): Auf dem Wege zur Selbsthilfegesellschaft. Essen
Vogel, E. F./Bell, N. W. (1970): Das gefühlsgestörte Kind als Sündenbock der Familie, in: G. Bateson u. a., Schizophrenie und Familie. Frankfurt/M.
Vogt, R. (1986): Psychoanalyse zwischen Mythos und Aufklärung oder Das Rätsel der Sphinx. Frankfurt/M.-New York
Wangh, M. (1983): Narzißmus in unserer Zeit. Einige psychoanalytisch-soziologische Überlegungen zu seiner Genese, in: Psyche 37/1983
Weber, M. (1973): Wirtschaft und Gesellschaft. Tübingen (5. Aufl.)
Wedekind, E. (1986): Beziehungsarbeit: Zur Sozialpsychologie pädagogischer und therapeutischer Institutionen. Frankfurt/M.
Wellendorf, F. (1979): Sozioanalyse und Beratung pädagogischer Institutionen, in: K. A. Geißler (Hg.), Gruppendynamik für Lehrer. Reinbek b. Hamburg
– (1986): Supervision als Institutionsanalyse, in: H. Pühl/W. Schmidbauer (Hg.) 1986a
Winnicott, D. W. (1974): Reifungsprozesse und fördernde Umwelt. München
Wittgenstein, L. (1945): Philosophische Untersuchungen. Frankfurt/M. 1980
Yalom, I. D. (1974): Gruppenpsychotherapie. Grundlagen und Methoden. München
Zwiebel, R. (1984): Zur Dynamik des Gegenübertragungstraums, in: Psyche 3/1984

Namen- und Sachregister

Abstinenz 13, 117, 127
Abwehr 51, 58, 112
Abwehrmechanismen 40, 87, 112 f.
Abwehrstrategie(n) 16, 51, 106
Abwehrsystem(e) 44, 112
Adler, A. 75
Adorno, Th. W. 71, 92, 123, 133
Aggression(en)
 u. Angst 120
 u. Angstbewältigung 108
 defensive (Fromm) 76
 in der Gruppe 48, 52, 55, 103, 106
 gegen den Gruppenleiter/Supervisor 15, 29, 40, 50, 57
 u. Herrschaft 111
 u. Territorialität 80
 unterdrückte 128 ff.
Aggressionsbereitschaft 110
Aktionsforschung 91
Ambivalenz 18, 37, 45, 51, 53 ff., 57 f., 77, 111, 113 f., 117
Ambivalenzspaltung/-spannung (Bauriedl) 18 f.
Anders, G. 131
Angst/Ängste 7, 9 f., 40, 48, 52, 101, 112, 130, 132
 Anfangsangst 19
 vor Autonomiebestrebungen des Kindes 87
 vor Einsamkeit/Einsamkeitsangst 40 f., 60, 119
 des Forschers 14
 u. Freiheit 84
 Grundangst 41, 55, 60, 62, 127
 u. Gruppenstruktur 10 f., 42

Angst (*Fortsetzung*)
 vor Isolation 55, 60, 119, 129, 133
 Kastrationsangst 60, 63 f., 79, 87, 134
 in Kollektiv-Gruppen 57
 latente 85, 89
 neurotische 62 ff., 129
 Projektion von 51
 Realangst 63 f.
 als Störvariable in der Wissenschaft 60
 des Supervisors/Therapeuten 15 f., 22, 55, 57
 Todesangst 9
 vor Trennung/Trennungsangst 40 ff., 48 f., 52, 55, 58, 60, 105, 120
 Über-Ich-Angst 63
 ungebundene 42
 vor der Unlust 85
 Urangst 60, 119
 Verleugnung von 49, 89, 131
 vor Verlust der Handlungsfähigkeit 122
 vor Verlust der Umweltkontrolle 108
 Verschmelzungsangst 127
Angstabwehr 43, 52, 88 f., 119
 u. Gruppenstruktur 41 f., 55
 des Leiters/Supervisors 22, 47, 57 f., 118
 u. Mythen 116
 projektive 51, 56
Angstbarrieren, Überwindung von 56
Angstbearbeitung 57

Angstbereitschaft 65 f., 68, 81, 108
Angstbewältigung 44, 61, 80, 108
  u. Gruppenstruktur 11, 42, 55
  Mechanismus d. 105
  u. Mythenbildung 107
  Veränderung d. 12
Angstbewältigungsformen des
  Leiters / Supervisors 47
Angstbindung 11
Angsterleben
  Fähigkeit zum 67
  u. Gruppenstruktur 10 f.
Angstniveau
  des Leiters / Supervisors 11, 57
  der Gruppe 44, 46, 57
Angstreduzierung 110
Angstverhalten, Differenzierung d.
  66
Arbeit 81, 122, 124
Arbeitsgruppe (Bion) 121
Arbeitsrhythmus 86
Arbeitsstrukturen, hierarchische
  120
Arbeitsteams
  hierarchisch-strukturierte 10, 55
  kollektiv-strukturierte 10, 55
Arbeitsteilung 81 f., 122
Arbeitszeit 86
Argelander, H. 75, 121, 131
Autoritätsbeziehung 42 f.

Balint, M. 97, 126
Balintgruppe 97
Bammé, A. 130
Bauriedl, Thea 7, 15, 18 f., 24, 47,
  52, 96, 115 f., 118
Bedürfnisse, körperliche 74
Berger, P. L. 127
Bernfeld, S. 70, 77, 129
Beziehung
  authentische 43, 48
  privilegierte 43, 49
Beziehungsanalyse (Bauriedl) 96

Beziehungsfalle, neurotische
  (Junker) 23
Bindung
  angstbesetzte 58
  an die Gruppe 11
Bion, W. R. 55, 117, 120,
  131
Bonstedt, Ch. 103
Bopp, J. 22, 113, 116
Bowlby, J. 75, 120
Brocher, T. 117
Buchinger, K. 120
Bühler, K. 74

Calvin / Calvinismus 84 f.
Capra, F. 133
Conrad, G. 30
Cremerius, J. 13, 127

Deutschmann, M. 86, 88
Deutung 57 f., 113, 127
Devereux, G. 14, 99, 113
de Vore, J. 79 f.
Distanz 14, 19, 87, 94, 113
Duhm, Dieter 9

Eder, K. 71
Einfühlung (s. a. Empathie) 94, 97,
  127
Elias, N. 85, 89
Empathie (s. a. Einfühlung) 89 f.,
  127
Empirie, intuitive (Bauriedl)
  115
Entwicklungsgeschichte des
  Menschen 11 f., 61, 68, 81, 98
Erdheim, M. 69, 80, 83, 98, 109 ff.,
  120, 128 f.
Erikson, E. H. 75
Erwartungsangst (Bowlby) 120
Ethnoanalyse 128
Evolution
  biologische 71 f., 74, 78, 126

Evolution (*Fortsetzung*)
 kulturelle 71 f., 79, 83, 106, 121, 126
 soziale 71, 83
Evolutionsforschung 11

Familientherapie, systemische 118
Faßbinder, R. W. 89
Feder, B. 131
Feindseligkeit 43, 48 ff., 105, 130
Feldtheorie (Lewin) 12
Ferenczi, S. 126 f.
Flecken
 blinde 13, 115
 unbewußte 55
Foulkes, S. H. 56, 72, 91 ff., 96, 107, 112 f., 131
Frankfurter Institut für Sozialforschung / Frankfurter Schule 14, 70, 92
Freud, A. 88
Freud, S. 12 ff., 52, 60, 62–65, 69 ff., 73 f., 87, 97, 108–112, 115, 117, 119, 121 f., 124–127, 134
 Angsttheorie 62 ff.
 Instanzenmodell 73
 Kulturtheorie 70
 Libidotheorie 70
 Ödipustheorie (s. a. Ödipuskomplex) 64 f., 69 f., 125
 Strukturmodell 12, 63
 Triebtheorie 12, 69, 73, 112, 117, 124–127
 Urhordentheorie 64 f., 69 f., 110, 119, 122
Fromm, E. 12, 41, 60, 70, 76, 84 f., 87, 116, 122 ff., 126, 128 ff., 133
Funktionslust des Kleinkindes (Bühler) 74
Furcht 65

Geburtstrauma 63 f.
Gegenübertragung 13 f., 23 f., 34, 54, 59, 93 f., 96 f., 115 f.
Gehlen, A. 67 f., 98
Gestalttheorie 91, 93, 95, 131 f.
Gestalttherapie 91, 118
Gnädiger, H. 118
Goldstein, K. 91
Gottschalch, W. 129 f.
Grundannahmengruppen (Bion) 117, 121
Gruppe(n)
 identifikatorische 87
 reale 12
 selbstanalytische (Sandner) 115
Gruppenanalyse (Foulkes) 91, 94
Gruppenbezogenheit des Menschen 72
Gruppendynamik 56, 58 f., 91
Gruppenerfahrung, Wandel d. 106
Gruppenfraktionierung 99
Gruppengeheimnis 101
Gruppengewissen (Parin) 83
Gruppen-Ich 78 f., 81
Gruppenkohäsion 113
Gruppenkonflikt, unbewußter (s. a. Gruppenthema) 51, 99
Gruppenkult 49
Gruppenkultur 107, 113, 117
Gruppenleiter
 Angstabwehr d. 22, 118
 Aufgabe d. 56, 132
 Position d. 12, 50, 113 f.
Gruppenmatrix (Foulkes) 93
Gruppenmythos 11, 27, 43, 47, 55, 101, 103 f., 107
Gruppenprozesse, Erfassung d. 59, 115
Gruppensprache, ritualisierte 49
Gruppenstil 49
Gruppenstrukturen
 hierarchische 10, 42

145

Gruppenstrukturen (*Fortsetzung*
  kollektive 10
  Veränderung d. 72, 88
Gruppenthema, unbewußtes/
  latentes 21, 94 f., 99, 101, 103
Gruppenunbewußtes (s. a. Unbewußtes) 69, 96 f.
Gruppenzugehörigkeit 11

Habermas, J. 109
Harmonie 10, 114
Harrison, R. 58
Hartmann, H. 71, 73, 123, 125
Haß 48 ff., 64, 105
Heigl, F. 106, 115
Heigl-Evers, A. 106, 132
Heimann, P. 115
Henlein, P. 86
Hoffmann, S. O. 125 f.
Holzkamp, K. 67
Holzkamp-Osterkamp, U. 65 ff., 81, 108, 122
Horkheimer, M. 70, 92
Horney, K. 41, 70
Hypnose 112

Ich-Entwicklung des Kindes 73–76
Ich-Funktionen, energetische 73 f., 76 ff.
Ich-Psychologen 70 f.
Ich-Psychologie 73, 123
Initiationsriten 80, 120, 128
Institutionen, Unbewußtes von 98
Institutionsdynamik 56
Internationale Psychoanalytische Vereinigung 70
Interventionen des Gruppenleiters 20, 22, 41, 94 f., 131

Jacoby, R. 73
Jung, C. G. 115
Junker, H. 23

Klassengesellschaft, Entwicklung d. 82 f.
Klein, M. 60, 115
Kleingruppenforschung 12, 91
König, K. 76
Kofler, L. 81
Kohut, H. 127
Kommunikation 52, 113, 116
Kränkung(en) 47 f.
Kränkungsdynamik 48
Kränkungserleben 47
Künzler, E. 44, 117
Kulturismusdebatte 70
Kutter, P. 108 f.

Lehranalyse 13
Leiterposition 12, 50, 113 f.
Leiterspiel (Pühl) 41, 44, 57 f.
Leithäuser, Th. 130
Lewin, K. 12, 91
Libido 62, 70, 125
Liebe
  authentische 48 f., 119
  narzißtische 126
  possessive 43, 48 ff., 104 f., 119
  primäre 48, 58, 126
Lieberman, M. 94, 99, 101, 132
Lindner, Ch. 103
Lorenzer, A. 123, 126 f.
Luckmann, Th. 127
Lustman, S. L. 126
Luther/Luthertum 84 f.

Malinowski, B. 122
Marcuse, H. 14, 70, 92, 124
Marx, K. 67 f., 86, 89, 109
Marxismus 69 f., 123 f.
Mead, G. H. 127
Mead, M. 130
Mentzos, St. 117
Miller, A. 120, 127

Mythos / Mythen 27 f., 44, 49, 55, 68, 116 f.
Mythenbildung 11, 44 f., 48, 52, 55 f., 107 f.

Narzißmus 77, 111, 125 ff., 133
Naturreligionen 9, 60
Naturvölker 9, 78
Neidhardt, F. 130
Neugieraktivität 66, 74 f., 89
Neugierverhalten 65 f., 81
New Yorker Schule 73

Objekttheorie (Ferenczi / Balint) 126
Ödipuskomplex (s. a. Freud, Ödipustheorie) 87, 112, 122, 126
Ohlmeier, D. 127
Ottomeyer, K. 89, 97

Pagès, M. 40–43, 48 f., 52, 55 f., 58, 60 f., 97, 104, 112, 118 f., 122
Palazzoli, S. 117
Parin, P. 71, 79, 83, 116
Perls, F. 91
Plausibilitätsstreben (Berger / Luckmann) 127
Postman, N. 7
Psychologie, experimentelle 12, 60, 121

Rank, O. 63
Redl, F. 111
Regression in Institutionen 120
Reich, W. 70, 122
Reiche, R. 83
Renaissance 84
Revolution, neolithische 78, 82 f.
Richter, H. E. 129
Riten / Rituale 80, 98, 120, 128
Ronall, R. 131

Sammler und Jäger 72, 78–81, 128
Sandner, D. 58, 115 f.
Schamgefühl, Entwicklung d. 86
Schindler, R. 118, 132
Schindler, W. 31
Schmidbauer, W. 12, 69 f., 72 ff., 76–79, 83, 87, 97 f., 112, 123, 125 f., 133
Schubenz, S. 7
Schuldgefühle 24, 51, 54, 64 f., 110
Selbstbild, inneres 76 f.
Slater, P. E. 117
Sloterdijk, P. 123
Solidarität 43, 47 f., 58, 87
Sozialcharakter (Fromm) 70, 123
Sozialforschung 13
Sozialpsychologie, analytische (Fromm) 12
Soziologie 13
Spazier, D. 22, 113, 116
Stock, D. 94, 99, 101, 132
Sucht 88
Sündenbock 7, 19, 27, 29, 103, 106, 118, 132 f.
Sündenbockdynamik 38, 56, 106, 118
Sullivan, H. S. 70
Symptom, neurotisches 28

Tabu(s) 9, 44, 52, 68 f., 117
Tavistock-Clinic 121
Teamstrukturen 10, 55
Territorialität 80 f.
Thielen, M. 7
Todestrieb (s. a. Freud, Triebtheorie) 125
Träume des Analytikers von seinem Patienten 34

Trauer 47f., 105
Tugenthat, E. 131

Über-Ich 75, 78, 83, 86
  Entwicklung d. 82, 87
  Funktionen d. 121
Übertragung 13, 30f., 46, 56, 58, 93, 96f., 109, 115f.
Übertragungsdynamik 52, 56, 109
Umweltkontrolle 67
  Verlust d. 66, 108
Unbewußtes
  von Gruppen und Institutionen (s. a. Gruppenunbewußtes) 51, 98, 119
  kulturelles 44
Unbewußtheit, gesellschaftliche Produktion von (Erdheim) 83, 98, 109, 128
Urmißtrauen 75
Urvertrauen 75

Verfahren
  hermeneutisches 13, 58
  quantitatives 13, 58
Verhaltenstherapie 60
Verzerrungen in der Wahrnehmung 14, 49f., 109
Vogt, R. 122

Wangh, M. 127
Weber, M. 109
Wedekind, E. 117
White, R. W. 125
Wineman, D. 111
Winnicott, D. W. 75
Wittgenstein, L. 121

Yalom, I. D. 113

Zeitbewußtsein, Entwicklung d. 86
Zeiteinteilung im Beratungs-Setting 130
Zwiebel, R. 34

Bitte umblättern:

Sigmund Freud
Einzelbände im Taschenbuch

**Abriß der Psychoanalyse /
Das Unbehagen in der Kultur**
Band 6043

**Analyse der Phobie eines
fünfjährigen Knaben**
Falldarstellung
»Der kleine Hans«. Band 6715

**Beiträge zur Psychologie des
Liebeslebens und andere
Schriften.** Band 6732

**Bruchstück einer Hysterie-
Analyse.** Band 6736

**Darstellungen der
Psychoanalyse.** Band 6016

**Drei Abhandlungen zur
Sexualtheorie
Und verwandte Schriften**
Band 6044

Hemmung, Symptom und Angst
Band 6734

**Das Ich und das Es
Und andere metapsycho-
logische Schriften**
Band 6394

**Eine Kindheitserinnerung
des Leonardo da Vinci**
Band 5705

**Der Mann Moses und die
monotheistische Religion**
Band 6300

**Massenpsychologie und Ich-
Analyse / Die Zukunft einer
Illusion.** Band 6054

**Neue Folge der Vorlesungen zur
Einführung in die Psychoanalyse**
Band 6390

**Zur Psychopathologie des
Alltagslebens.** Band 6079

»Selbstdarstellung«
Schriften zur Geschichte der
Psychoanalyse. Band 6096

Totem und Tabu. Band 6053

Die Traumdeutung. Band 6344

**Über Träume und
Traumdeutungen.** Band 6073

**Vorlesungen zur Einführung
in die Psychoanalyse**
Band 6348

**Der Wahn und die Träume in
W. Jensens »Gradiva«
mit dem Text der Erzählung
von Wilhelm Jensen**
Band 6172

**Der Witz und seine Beziehung
zum Unbewußten.** Band 6083

**Zwei Falldarstellungen
Der Rattenmann /
Der Fall Schreber**
Band 6745

**Sigmund Freud / Josef Breuer
Studien über Hysterie**
Band 6001

**Muriel Gardiner (Hg.)
Der Wolfsmann vom Wolfsmann**
Band 6794

Fischer Taschenbuch Verlag

Neuausgabe
Sigmund Freud Studienausgabe
in zehn Bänden mit Ergänzungsband und Konkordanz

Herausgegeben von
Alexander Mitscherlich · Angela Richards · James Strachey †
Mitherausgeber des Ergänzungsbandes
Ilse Grubrich-Simitis

Ziel dieser Ausgabe ist es, vor allem den Studenten der an die Psychoanalyse angrenzenden Disziplinen – Soziologen, Sozialpsychologen, Anthropologen, Pädagogen, Kriminologen usw. –, aber auch dem Nichtfachmann die Hauptwerke Freuds in leicht zugänglicher, thematischer Anordnung vorzulegen.
Dies ist die erste kommentierte deutsche Freud-Ausgabe. Der umfangreiche editorische Apparat beruht auf der Lebensarbeit von James Strachey, dem Herausgeber der englischen ›Standard Edition of the Complete Psychological Works of Sigmund Freud‹, der bis zu seinem Tode an den Vorbereitungen mitwirkte.
Alle Schriften Freuds sind mit editorischen Vorbemerkungen und zahlreichen Fußnoten versehen. Sie unterrichten den Leser u. a. über Entstehungszeit und -umstände des betreffenden Werkes, informieren über Textveränderungen bei früheren Neuauflagen, erläutern Freuds unzählige historische und literarische Anspielungen, machen auf Parallelstellen aufmerksam, wenn Freud ein und dasselbe Thema in unterschiedlichen Zusammenhängen und in verschiedenen Perioden seines langen Forscherlebens behandelte.
Jeder Band ist mit vielen Querverweisen, Bibliographie, Abkürzungsliste, ausführlichem Namen- und Sachregister sowie einem Gesamtinhaltsplan der Studienausgabe ausgestattet. Einige Bände enthalten zusätzlich spezielle Register, Anhänge zum besseren historischen und systematischen Verständnis sowie Abbildungen und Reproduktionen auf Kunstdrucktafeln.

Pressestimmen:
»*Die Leser der neuen Studienausgabe haben uns Älteren gegenüber einen ungeheuren Vorteil. Die Bände sind vorzüglich kommentiert.*«
Frankfurter Rundschau
»*Ein Freud für alle. Diese Ausgabe ist wirklich eine Tat.*«
Kölner Stadtanzeiger

Fischer Taschenbuch Verlag

Neuausgabe
Sigmund Freud Studienausgabe
in zehn Bänden mit Ergänzungsband und Konkordanz

Jetzt als Taschenbuch in der Reihe ›Fischer Wissenschaft‹
in Einzelausgaben oder komplett als Kassette lieferbar

Band I	**Vorlesungen zur Einführung in die Psychoanalyse** (1916–17); **Neue Folge der Vorlesungen zur Einführung in die Psychoanalyse** (1933). Mit einer biographischen Skizze Freuds von James Strachey, einer Einleitung von Alexander Mitscherlich, Erläuterungen zur Edition von Angela Richards. 663 Seiten.
Band II	**Die Traumdeutung** (1900). 698 Seiten.
Band III	**Psychologie des Unbewußten** 463 Seiten.
Band IV	**Psychologische Schriften** 335 Seiten.
Band V	**Sexualleben** 336 Seiten.
Band VI	**Hysterie und Angst** 359 Seiten.
Band VII	**Zwang, Paranoia und Perversion** 362 Seiten.
Band VIII	**Zwei Kinderneurosen** 256 Seiten.
Band IX	**Fragen der Gesellschaft / Ursprünge der Religion** 653 Seiten.
Band X	**Bildende Kunst und Literatur** 326 Seiten.
Ergänzungsbd.	**Schriften zur Behandlungstechnik** 473 Seiten.
Konkordanz	**Sigmund Freud-Konkordanz u. -Gesamtbibliographie**

Fischer Taschenbuch Verlag

Geist und Psyche
Begründet von Nina Kindler 1964

Psychoanalyse

Hilda Abraham
Karl Abraham
Band 42213

Raymond Battegay
Psychoanalytische Neurosenlehre
Band 42279

J. Cremerius/Sven O. Hoffmann/W. Trimborn
Psychoanalyse, Über-Ich und soziale Schicht
Band 42206

Kurt R. Eissler
Todestrieb, Ambivalenz, Narzißmus
Band 42208

Sándor Ferenczi
Zur Erkenntnis des Unbewußten
und andere Schriften zur Psychoanalyse
Band 42194

Anna Freud
Das Ich und die Abwehrmechanismen
Band 42001
Einführung in die Technik der Kinderanalyse
Band 42111

Leon Grinberg/Marie Langer/Emilio Rodriguez
Psychoanalytische Gruppentherapie
Band 42094

Marie Jahoda
Freud und das Dilemma der Psychologie
Band 42276

Werner W. Kemper
Der Traum und seine Be-Deutung
Band 42184

Fischer Taschenbuch Verlag

Geist und Psyche
Begründet von Nina Kindler 1964

Psychoanalyse

Melanie Klein
Ein Kind entwickelt sich
Band 42222
Die Psychoanalyse des Kindes
Band 42291

Peter Kutter
Psychoanalyse in der Bewährung
Methode, Theorie und Anwendung
Band 42263

Peter Kutter/Jörg K. Roth
Psychoanalyse an der Universität
Band 42228

Stavros Mentzos
Neurotische Konfliktverarbeitung
Band 42239
Hysterie
Band 42212
Angstneurose
Band 42266

Theodor Reik
Die verschlungenen Wege des Selbst
Band 42235

Jürgen vom Scheidt
Der unbekannte Freud
Neue Interpretationen seiner Träume
Band 42292

D. W. Winnicott
Von der Kinderheilkunde zur Psychoanalyse
Band 42249
Reifungsprozesse und fördernde Umwelt
Studien zur Theorie der emotionalen Entwicklung
Band 42255
Familie und individuelle Entwicklung
Band 42261

Anton Zottl
Otto Rank
Band 42229

Fischer Taschenbuch Verlag

Geist und Psyche
Begründet von Nina Kindler 1964

Kinderpsychologie

Gordon W. Allport
Werden der Persönlichkeit
Band 42127

Bruno Bettelheim
Die Geburt des Selbst
Band 42247

Gerd Biermann (Hg.)
**Handbuch der
Kinderpsychotherapie**
Band 42299

John Bolland /
Joseph Sandler
Die Hampstead-Methode
Band 42269

John Bowlby
Trennung
Band 42171
Bindung
Band 42210
Verlust
Band 42243

Dorothy Burlingham
Labyrinth Kindheit
Band 42256

Anna Freud
**Einführung in die Technik
der Kinderanalyse**
Band 42111

Herbert Goetze /
Wolfgang Jaede
**Nicht-direktive
Spieltherapie**
Band 42262

Klaus E. Grossmann (Hg.)
**Entwicklung der Lernfähigkeit in der
sozialen Umwelt**
Band 42177

David Kadinsky
**Die Entwicklung des
Ich beim Kinde**
Band 42242

Fischer Taschenbuch Verlag

Geist und Psyche
Begründet von Nina Kindler 1964

Kinderpsychologie

Melanie Klein
Frühstadien des Ödipuskomplexes
Band 42268

Ein Kind entwickelt sich
Band 42222

Die Psychoanalyse des Kindes
Band 42291

Pierre Mâle
Psychotherapie bei Jugendlichen
Band 42248

Willi Meyer / Gertrud Wydler
Anja
Band 42283

Alexander Stachiw / Georg Spiel
Entwicklung der Aggression bei Kindern
Band 42169

Driek van der Sterren
Pränatale Psychologie
Band 42123

Daniel Widlöcher
Was eine Kinderzeichnung verrät
Band 42254

D. W. Winnicott
Von der Kinderheilkunde zur Psychoanalyse
Band 42249

Reifungsprozesse und fördernde Umwelt
Band 42255

Familie und individuelle Entwicklung
Band 42261

Fischer Taschenbuch Verlag

Geist und Psyche
Begründet von Nina Kindler 1964

Psychologische Ratgeber

Gordon W. Allport
Werden der Persönlichkeit
Band 42127

Leon Chertok
Hypnose
Band 42102

Maurice Dongier
Neurosen
Band 42241

Hans Driesch
Parapsychologie
Band 42030

John Eccles/Hans Zeier
Gehirn und Geist
Band 42225

Lili Fleck
Weiblicher Orgasmus
Band 42170

Viktor E. Frankl
Ärztliche Seelsorge
Band 42157

Anna Freud
Einführung in die Technik der Kinderanalyse
Band 42111

Gesellschaft für wissenschaftliche Gesprächstherapie
Die klientenzentrierte Gesprächspsychotherapie
Band 42149

Herbert Goetze/Wolfgang Jaede
Nicht direktive Spieltherapie
Band 42262

Leon Grinberg/Marie Langer/Emilio Rodrigue
Psychoanalytische Gruppentherapie
Band 42094

Fischer Taschenbuch Verlag

Geist und Psyche
Begründet von Nina Kindler 1964

Psychologische Ratgeber

Annelise Heigl-Evers/
Franz Heigl
**Geben und Nehmen
in der Ehe**
Band 42151
**Gelten und Geltenlassen
in der Ehe**
Band 42128
**Lieben und Geliebtwerden
in der Ehe**
Band 42118

Werner W. Kemper
**Der Traum und
seine Be-Deutung**
Band 42184

Christa Kniffki
**Transzendentale
Meditation und
autogenes Training**
Band 42197

Ann F. Neel
Handbuch der psychologischen Theorien
Band 42251

Erving und Miriam Polster
Gestalttherapie
Band 42150

Hans G. Preuss
Ehepaartherapie
Band 42277

Carl R. Rogers
Encounter-Gruppen
Band 42260
Therapeut und Klient
Band 42250

Driek van der Sterren
Pränatale Psychologie
Band 42123

Daniel Widlöcher
Was eine Kinderzeichnung verrät
Band 42254

Eckart Wiesenhütter
Traumseminar
Band 42152

Fischer Taschenbuch Verlag

Geist und Psyche
Begründet von Nina Kindler 1964

Neuere Psychotherapien

Gaetano Benedetti
Der psychisch Leidende und seine Welt. Band 42139

Eric Berne
Was sagen Sie, nachdem Sie »Guten Tag« gesagt haben?
Band 42192
Struktur und Dynamik von Organisationen und Gruppen. Band 42201

Bruno Bettelheim
Aufstand gegen die Masse
Band 42217
Die Geburt des Selbst
Band 42247

Medard Boss
Sinn und Gehalt der sexuellen Perversionen
Band 42080

Gion Condrau
Einführung in die Psychotherapie
Band 42115

Gesellschaft für wissenschaftliche Gesprächstherapie
Die klientenzentrierte Gesprächspsychotherapie
Band 42149

Herbert Goetze / Wolfgang Jaede
Nicht direktive Spieltherapie. Bd. 42262

Leon Grinberg / Marie Langer / Emilio Rodrigue
Psychoanalytische Gruppentherapie. Bd. 42094

Martin Grotjahn
Die Sprache des Symbols
Band 42182

Institutsgruppe Psychologie der Universität Salzburg (Hg.)
Jenseits der Couch
Band 42264

Abraham A. Maslow
Psychologie des Seins
Band 42195

Gertrud Orff
Die Orff-Musik-Therapie
Band 42193

O. G. Wittgenstein
Märchen, Träume, Schicksale. Band 42300
sagen – hören – sehen Von den Entbindungen des Bewußtseins. Band 42257

Fischer Taschenbuch Verlag